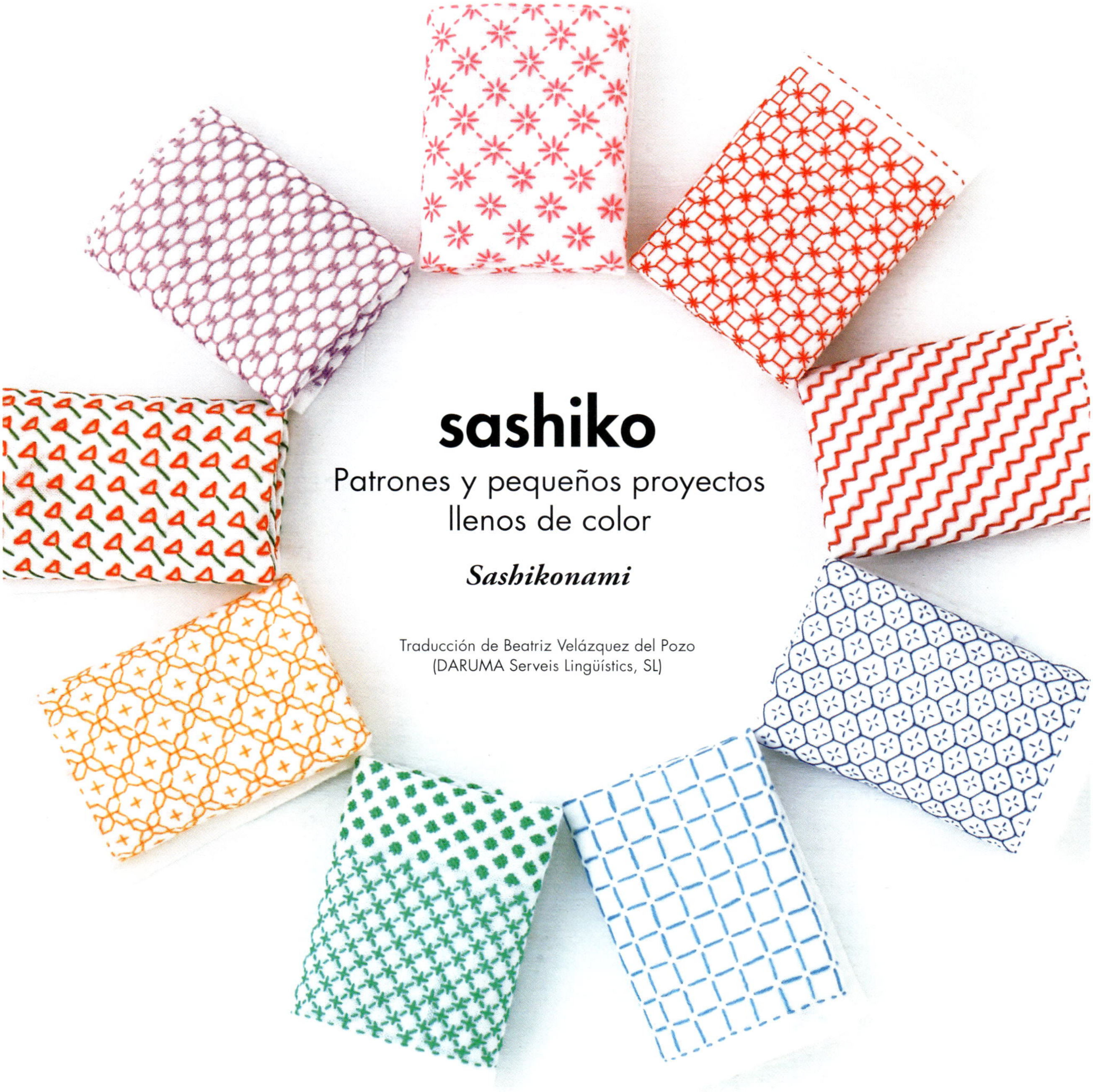

sashiko

Patrones y pequeños proyectos
llenos de color

Sashikonami

Traducción de Beatriz Velázquez del Pozo
(DARUMA Serveis Lingüístics, SL)

Antes de empezar

Desde pequeña me gustan los trabajos manuales delicados. El sashiko entró en mi vida cuando empecé a buscar una actividad que me permitiera disfrutar de los ratos libres que me quedaban entre el cuidado de mis hijos y la casa. Atraída por sus encantadores motivos, me decidí a hacer mi primer proyecto con *juji hana zashi* (motivo de flores en cruz). Me divertía mucho trabajando con las manos, así que pronto me vi totalmente absorbida por esta actividad. Por supuesto, no lo hacía a la perfección, pero aún recuerdo la sensación de satisfacción que experimenté al terminar mi primer patrón.

Al principio no entendía algunas de las instrucciones y no lo hacía bien, pero con la práctica, y gracias a mis errores, fui cogiéndole el truquillo. Muchas veces, al equivocarme, se creaba un nuevo motivo, así que poco a poco he ido diseñando mis propios patrones originales.

En este libro encontrarás tanto patrones originales como tradicionales. Incluye 47 motivos con algunas aplicaciones a pequeños proyectos elaborados en *hitome zashi* (puntada a puntada) y *kuguri zashi* (puntadas entretejidas) y hasta 67 puntos diferentes. Bordo los patrones en paños de 20 × 21 cm. Al ser más pequeños que los que suelen utilizarse, se terminan más rápido, y por eso son los que recomiendo para principiantes. Empieza bordando poco a poco y elige los colores que más te gusten. Espero que este libro te resulte útil. Si es así, me doy por satisfecha.

índice

Kaki-no hana (flor del caqui) y sus variaciones............ pág. 6

1 *Nijukaki-no hana* (doble flor del caqui)
2 *Kaki-no hana* variación 1
3 *Kaki-no hana* variación 2
4 *Kaki-no hana* variación 3
5 *Ju-no ki* (árboles en forma de cruz)
6 *Ju-no ki-ni arare* (granizo en los árboles en forma de cruz)
7 *Kawari hana juji* (variación de los árboles en forma de cruz)
8 Posavasos con *kawari hana juji*

Dan tsunagi (escalones enlazados) y sus variaciones............. pág. 12

9 *Dan tsunagi*
10 *Yabane* (plumas de flecha)
11 *Shimashima moyo* (patrón a rayas)
12 Variantes del *dan tsunagi*

Sankaku y shikaku-no moyo (patrón de triángulos y patrón de cuadrados)................. pág. 14

13 Minimanteles con *sankaku moyo*
14 Pequeño paño con *shikaku moyo*

Creación de patrones........ pág. 16

15 Muestra de patrones originales
16 Lazos
17-18 Neceser con *shimashima moyo* y pañuelo con *kome zashi* (bordado de arroz)
19 Bolsito tradicional japonés con *ohana moyo* (patrón de flores)

Zenigata zashi (motivo de la moneda) y sus variaciones................... pág. 20

20 *Rokumonsen zashi* (motivo del emblema de las seis monedas)
21 *Zenigata zashi*
22 *Zenigata zashi* variación 1
23 *Zenigata zashi* variación 2
24 Muestra de *zenigata zashi*
25 Monedero de *zenigata zashi*

Juji hana zashi (motivo de flores en cruz) y asa-no ha (hoja de cáñamo)........................... pág. 24

26 Muestra de *juji hana zashi*
27 Alfiletero con *juji hana zashi*
28 *Juji hana zashi*
29 *Juji hana zashi* variación
30-31 Monedero y bolsito tradicional japonés con *juji hana zashi*
32 *Asa-no ha*
33 Cojín alfiletero con *asa-no ha*

Kuguri zashi (motivo de puntadas entretejidas).............. pág. 30

34 *Kikko hana zashi* (motivo de flores en caparazón de tortuga)
35-36-37 *Kikko zashi* (motivo de caparazón de tortuga) y sus variaciones
38 *Kuguri zashi*

Koushi (motivo cuadriculado), *hana zashi* (motivo de flores) y *kome zashi* (motivo de arroz)..... pág. 34

39 *Koushi*
40 *Hana zashi*
41 *Muestra de hana zashi*
42 *Muestra de kome zashi*
43 *Hanazashi*
44 *Hanazashi* variación 1
45 *Hanazashi* variación 2
46 Minibolso con *hana zashi*
47 Monedero con *kobana moyo* (patrón de pequeñas flores)
48 Mascarilla infantil y pañuelo con *kobana moyo*
49 *Sasa zashi* (motivo de bambú)

Mi cuaderno de sashiko... pág. 43

Los fundamentos del sashiko...... pág. 44
El tejido
El hilo
Herramientas
Cómo usar el dedal
Preparar el hilo
Los extremos del hilo
Consejos para un buen acabado

Técnica 1
Confeccionar una muestra del patrón escalonado.......... pág. 48

Técnica 2
Claves para bordar *juji hana zashi*..................... pág. 54

Técnica 3
Claves para bordar *kikko hana zashi* .... pág. 55

Elaborar proyectos y diseños..... pág. 56

Kaki-no hana (flor del caqui) y sus variaciones

Este es el motivo que recomiendo para iniciarse en el sashiko porque está compuesto por puntadas verticales y horizontales. Si se cambia la orientación de las puntadas, se pueden conseguir diferentes resultados. Al terminar este patrón, compara el derecho y el revés de la tela, puesto que el motivo se invierte.

1
Nijukaki-no hana
(doble flor del caqui)

2
Kaki-no hana 1

Su nombre se debe a que, al repetir muchas veces el motivo con forma escalonada, el patrón se parece a la flor del caqui. A medida que bordes, primero en horizontal y después en vertical, irá apareciendo su bella imagen.

***Cómo se hace* >> p. 57**

3
Kaki-no hana 2

5
Ju-no ki
(árboles en forma de cruz)

4
Kaki-no hana 3

Si sigues las mismas indicaciones, pero reduces el tamaño de los motivos del patrón, obtendrás una versión más moderna. El *ju-no ki* es popular porque recuerda a los estampados de estilo escandinavo.

Cómo se hace >> p. 57, 58

6
Ju-no ki-ni arare
(granizo en los árboles en forma de cruz)

En las muestras 3 y 6 se puede ver el mismo patrón del derecho y del revés. En el revés de las muestras 4 y 5, las puntadas se conectan. El patrón del revés de la muestra 4 se llama *nijukaki-no hana tsunagi* (doble flor enlazada del caqui) y el de la muestra 5, *kaki-no hana tsunagi* (flor enlazada de caqui).

7

Kawari hana juji
(variación de los árboles en forma de cruz)

Variación del patrón *ju-no ki-ni arare* de la pág. 8. Al unir los ángulos de las cruces con las esquinas de los cuadrados mediante líneas diagonales, lo transformarás en un precioso patrón de flores.

Cómo se hace >> **p. 58**

8
Posavasos con *kawari hana juji*

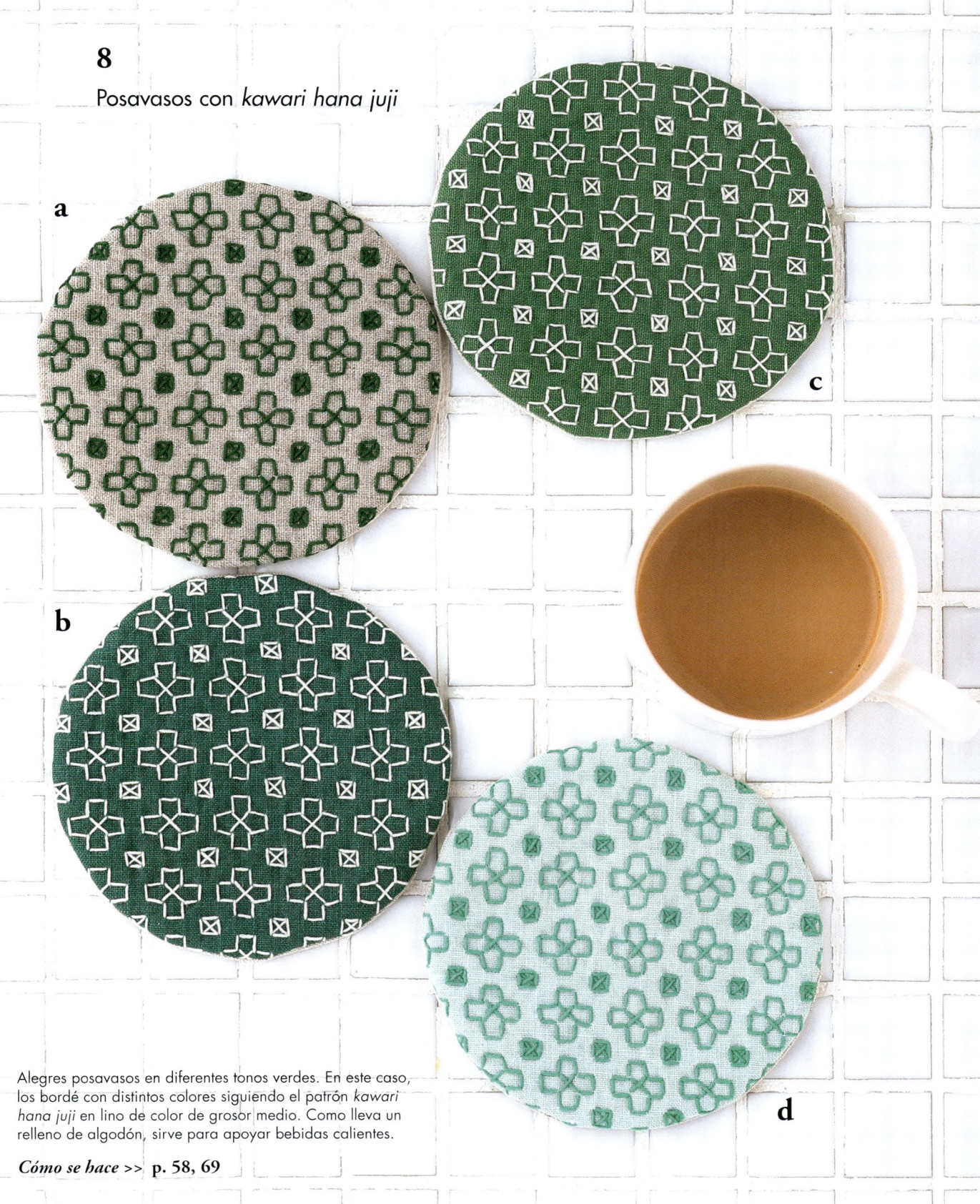

a

b

c

d

Alegres posavasos en diferentes tonos verdes. En este caso, los bordé con distintos colores siguiendo el patrón *kawari hana juji* en lino de color de grosor medio. Como lleva un relleno de algodón, sirve para apoyar bebidas calientes.

Cómo se hace >> **p. 58, 69**

Dan tsunagi (escalones enlazados) y sus variaciones

Si alternas las puntadas verticales con las horizontales, crearás un patrón escalonado.

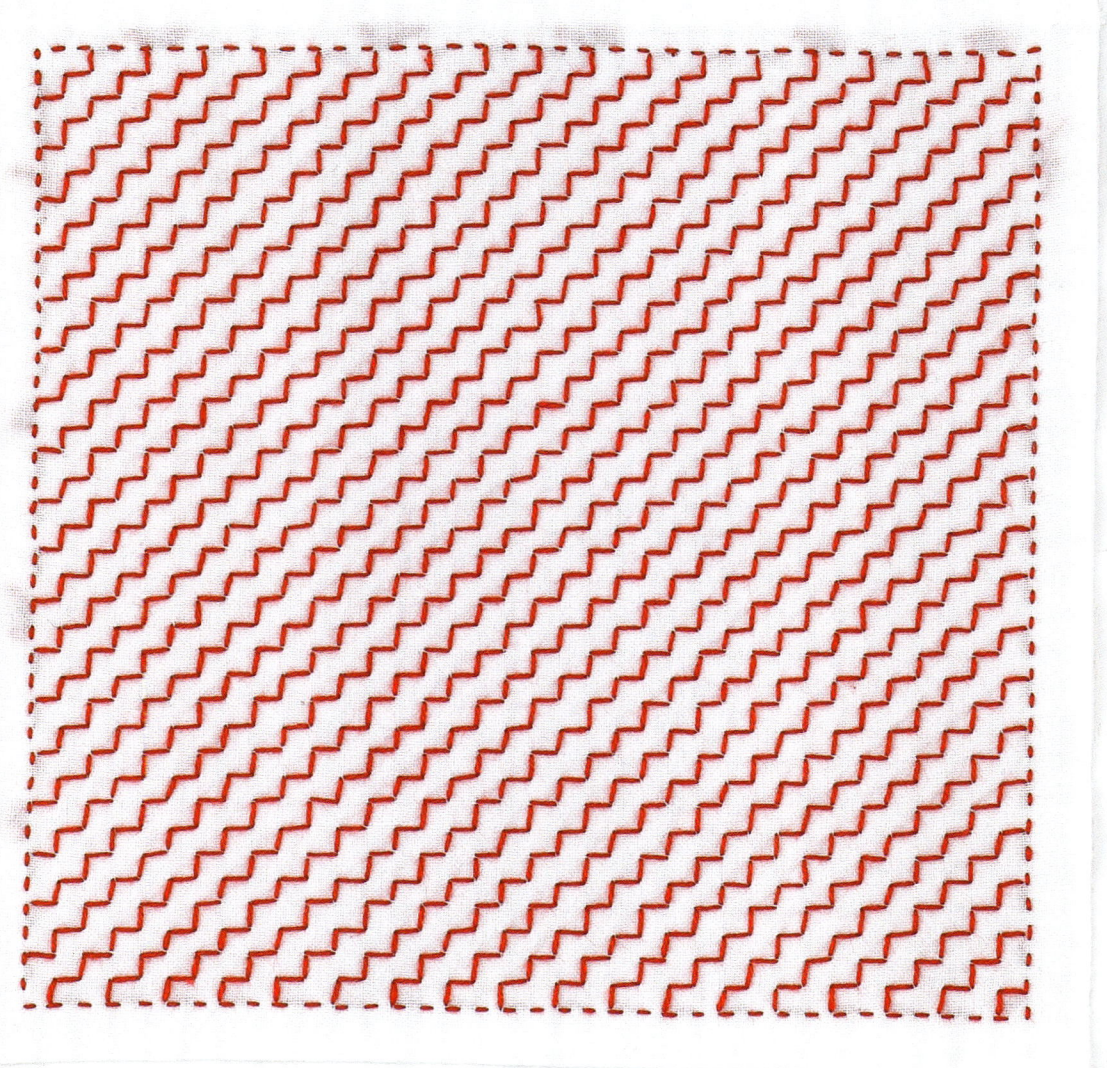

9

Dan tsunagi

Al unir las puntadas verticales con las horizontales de forma alterna, obtendrás un patrón diagonal. Este motivo se conoce como *dan tsunagi* o *yama michi* (camino de la montaña). Las puntadas deben darse con cuidado; asegúrate de conectarlas para que formen un ángulo recto.

Cómo se hace >> p. 48, 58

10
Yabane
(plumas de flecha)

11
Shimashima moyo
(patrón a rayas)

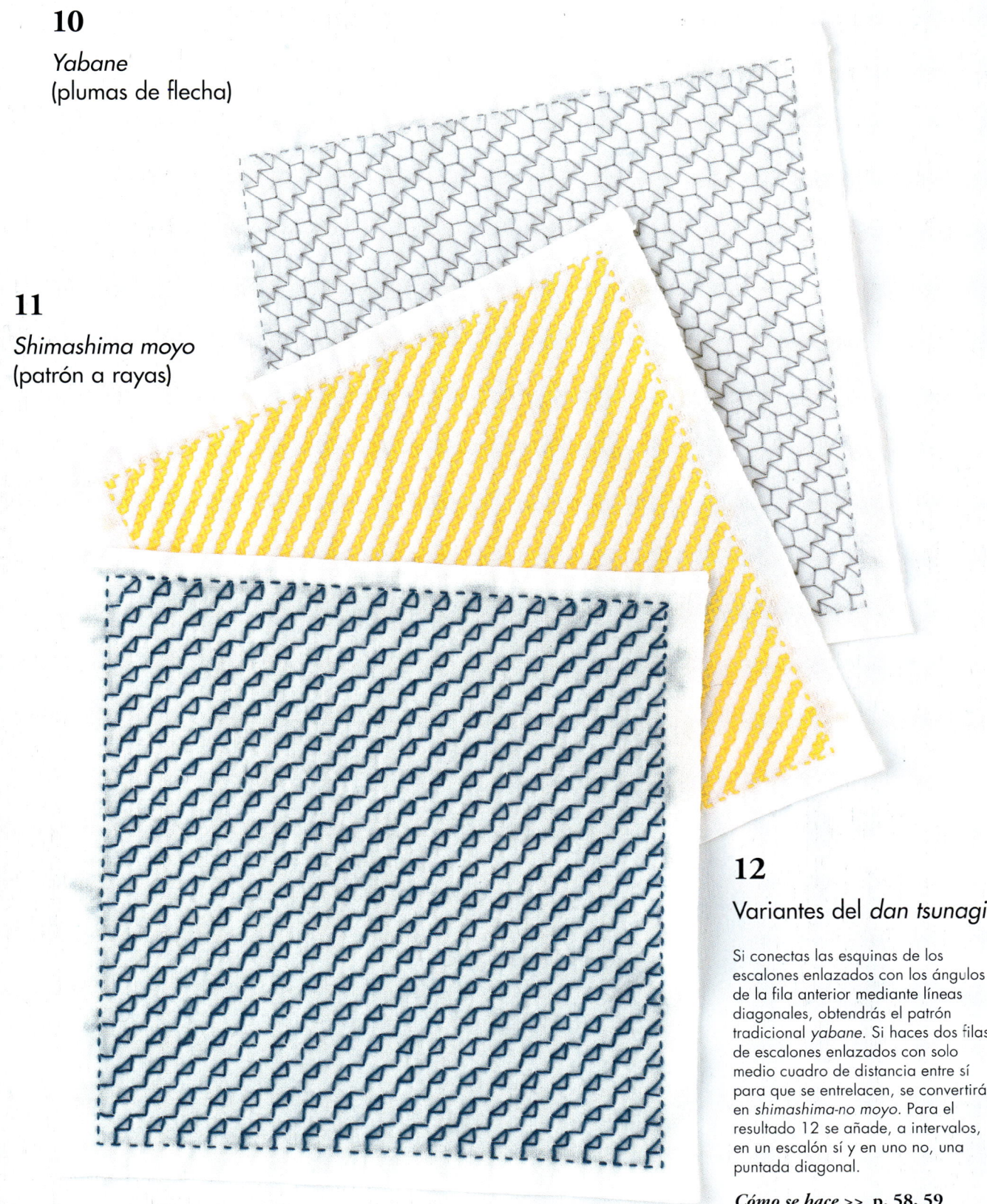

12
Variantes del *dan tsunagi*

Si conectas las esquinas de los escalones enlazados con los ángulos de la fila anterior mediante líneas diagonales, obtendrás el patrón tradicional *yabane*. Si haces dos filas de escalones enlazados con solo medio cuadro de distancia entre sí para que se entrelacen, se convertirá en *shimashima-no moyo*. Para el resultado 12 se añade, a intervalos, en un escalón sí y en uno no, una puntada diagonal.

***Cómo se hace* >> p. 58, 59**

Sankaku moyo y *shikaku-no moyo* (patrón de triángulos y de cuadrados)

Es curioso ver que una figura cotidiana puede quedar tan bonita alineada de forma regular. Disfruta de bordado mientras imaginas el patrón que se creará en la parte posterior.

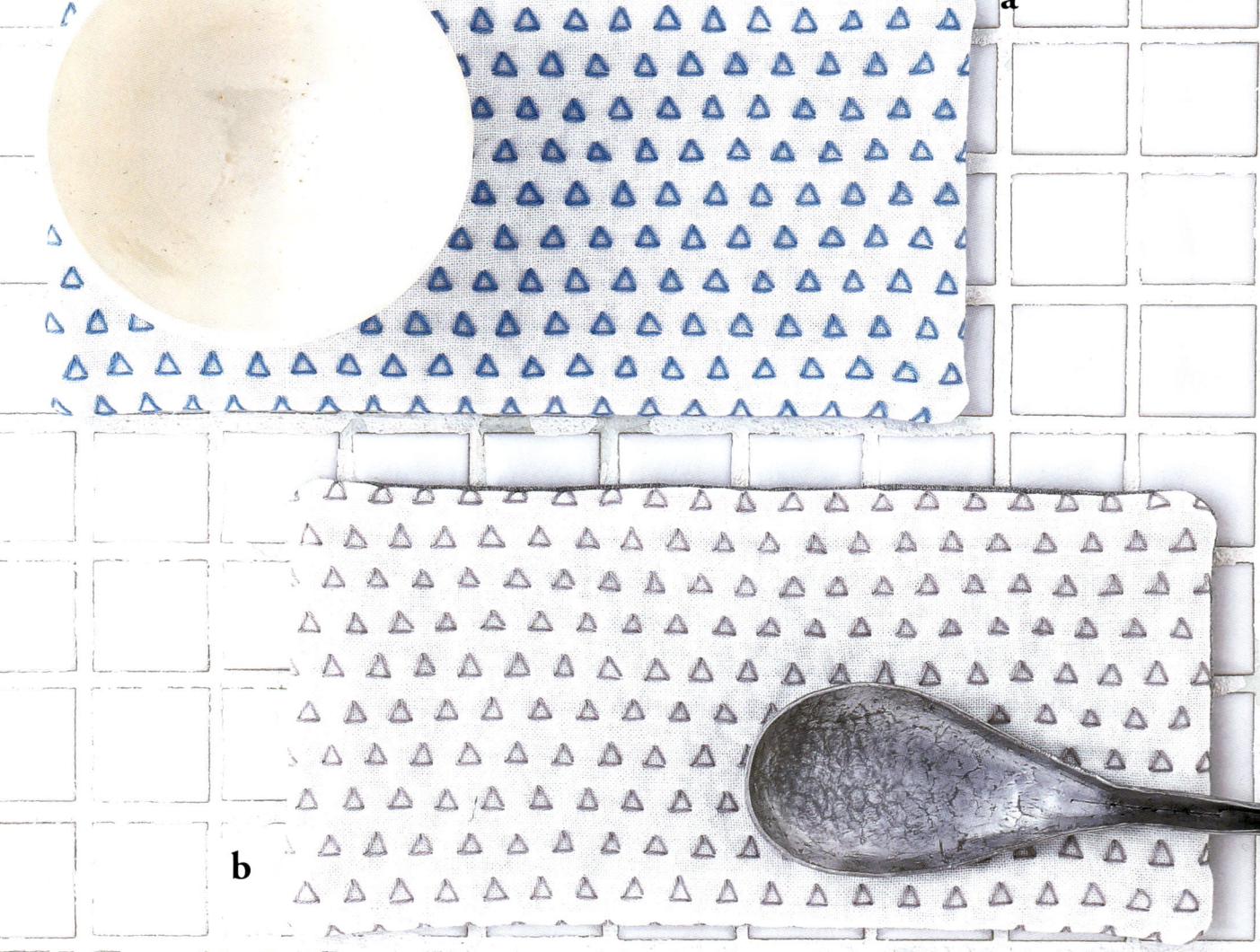

a

b

13
Minimanteles con *sankaku moyo*

Este motivo de pequeños triángulos isósceles crea un patrón tradicional conocido como *uroko* (escamas). Por delante, se ha utilizado tela de algodón y, por detrás, doble gasa de color. Si lo doblas por la mitad, lo puedes usar como pañuelo.

Cómo se hace >> **p. 59, 68**

14
Pequeño paño con *shikaku moyo*

Este patrón de cuadrados alineados de forma alterna se conoce como *arare zashi* (motivo de granizo). En el revés se forma una bonita sucesión de figuras cóncavas y convexas. Te recomiendo que elabores este patrón con mimo, puntada a puntada, para utilizarlo de forma reversible.

Cómo se hace >> **p. 59**

Creación de patrones

Cuando te habitúes a la técnica *hitome zashi* (puntada a puntada), intenta agregar algunos giros a los motivos tradicionales. Veremos cómo cambiar el largo de las puntadas. Añadir o eliminar alguna puede dar lugar al nacimiento de nuevos patrones.

15
Muestra de patrones originales

O-uchi moyo (patrón de casitas) con *shimashima-no moyo* y *kurukuru moyo* (patrón giratorio). Hice la muestra en una tela mini combinando estos tres motivos tan creativos. La clave para lograr un acabado limpio es dejar las intersecciones bien alineadas, es decir, firmes, para que no se tuerzan.

Cómo se hace >> p. 58-59, 65

16
Lazos

Si das dos puntadas verticales, una a cada lado de un punto con forma de X, obtendrás el lazo de la figura *b*. El revés es la figura *a*. Lo conseguirás si bordas dos *kurukuru moyo* enfrentados. No sabría cuál elegir, ¡los dos son preciosos!

Cómo se hace >> **p. 59**

18

Neceser con *shimashima moyo* y pañuelo con *kome zashi* (bordado de arroz)

Neceser con cremallera en el que el hilo rojo destaca sobre el lino blanco. Enmarqué el pañuelo con el tradicional *kome zashi* para que hiciera juego con él. Llevar un pañuelo como este en el bolso alegra el día a cualquiera.

Cómo se hace >> **p. 58, 64, 70,** 77

19

Bolsito tradicional japonés con *ohana moyo* (patrón de flores)

Quedará más bonito si lo bordas con hilo de dos colores. Si eliges el color verde para las líneas diagonales, obtendrás un delicado motivo floral. Añade una tela del mismo color que las flores por el interior del bolso y aprieta bien todo el conjunto.

Cómo se hace >> p. 60, 71

Zenigata zashi (motivo de la moneda) y sus variaciones

Este motivo imita la forma de una antigua moneda japonesa. A medida que se van agregando puntos al *rokumonsen zashi* (emblema de las seis monedas, a la izquierda), el patrón se va transformando. El que aparece en el revés también es muy bonito, así que acepta el desafío e inténtalo.

20

Rokumonsen zashi
(motivo del emblema de las seis monedas)

Patrón único que parece de monedas alienadas. Primero borda los cuadrados y después únelos por las esquinas mediante líneas diagonales a los cuadros de la fila anterior y posterior de forma alterna (uno sí y otro no) para que queden intercalados en octógonos.

Cómo se hace >> **p. 60**

21

Zenigata zashi

Si aumentas el número de puntadas de *rokumonsen zashi* y unes todos los cuadrados con líneas diagonales a los cuadros de la fila anterior y posterior, se convierte en *zenigata zashi*.

Cómo se hace >> **p. 60**

22
Zenigata zashi
variación 1

23
Zenigata zashi
variación 2

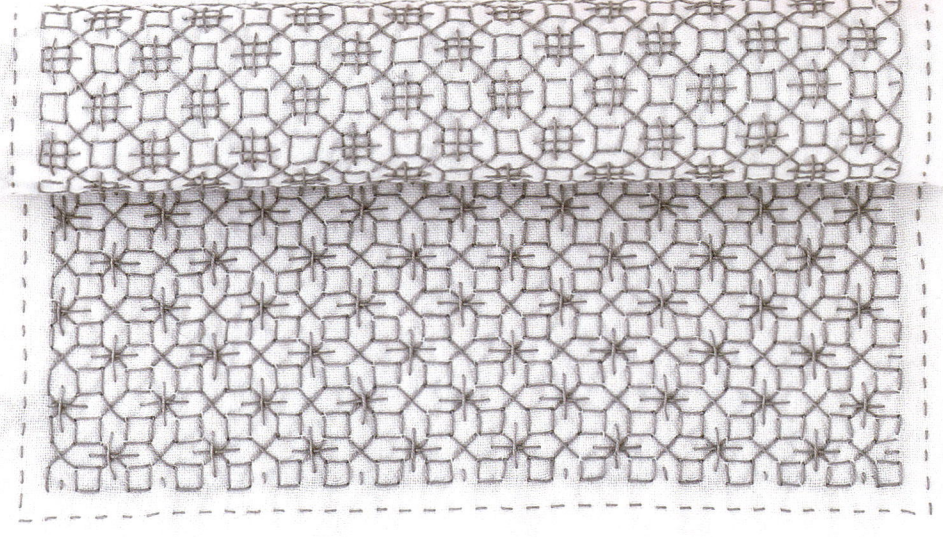

Si añades un motivo de cruces a *zenigata zashi*, lo transformarás en este bello patrón. La figura 22 está hecha con puntadas de 5 mm y la figura 23, con puntadas de 1 cm. En ambos casos se dan las puntadas en cruz en las intersecciones de las líneas diagonales; en la figura 23, en cada una, y en la figura 22, de forma alterna (en una sí y en otra no).

Cómo se hace >> **p. 60**

24
Muestra de *zenigata zashi*

Las variaciones de *zenigata zashi* están dispuestas en vertical. A la derecha verás el resultado que se obtiene al añadir al motivo original pequeñas puntadas en cruz (variación 1) y, a la izquierda, el de las puntadas en cruz de mayor tamaño (variación 2).

Cómo se hace >> **p. 60, 66**

25
Monedero de *zenigata zashi*

a

b

He confeccionado este monedero bordando la variación 1 de *zenigata zashi* en lino de color. Al hacerlo, presta atención al punto en el que comienza el motivo para que la parte frontal y la tapa del monedero de correspondan, de modo que el motivo quede alineado.

Cómo se hace >> p. 60, 72

Juji hana zashi (motivo de flores en cruz) y *asa-no ha* (hoja de cáñamo)

Juji hana zashi y *asa-no ha* forman patrones delicados y hermosos que destacan dentro de los *hitome zashi*. Es impresionante ver cómo el patrón se va creando poco a poco al superponer los diferentes puntos en vertical, en horizontal, en diagonal…

26
Muestra de *juji hana zashi*

Después de bordar todo el patrón con *juji hana zashi*, se puede hacer una muestra añadiendo tres giros. Al hacerlo, la apariencia del patrón cambia. Si lo bordas con hilo de coser, obtendrás un dibujo precioso.

Cómo se hace >> **p. 54, 60-61, 67**

27
Alfiletero con *juji hana zashi*

Con este alfiletero, las labores de costura serán más divertidas. Tras bordar *juji hana zashi*, da puntadas diagonales partiendo del centro del punto en cruz inicial hacia los ángulos que la rodean. Aparecerá un bonito patrón con forma de flor.

Cómo se hace >> **p. 61, 74**

28

Derecho | Revés

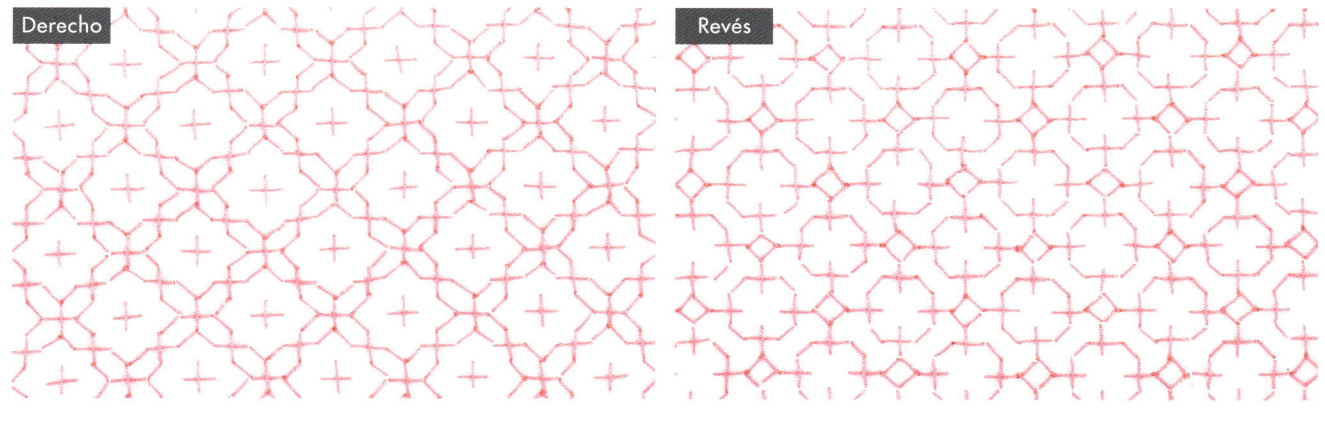

29

Derecho | Revés

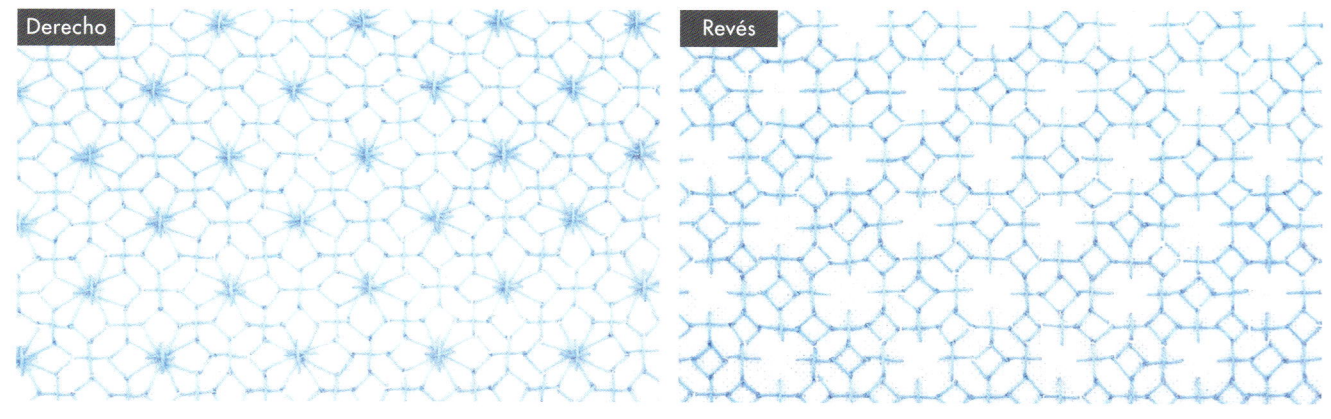

En la figura 28 he utilizado el *juji hana zashi* como base. En la figura 29 se muestra la misma variación que en la pág. 25, para el alfiletero. La parte de detrás, en la que se cruzan los hilos, crea un patrón más delicado de la figura 29.

Monedero y bolsito tradicional japonés con *juji hana zashi*

Realzarás la belleza de pequeños artículos de tela como bolsitos y monederos si los adornas con este bordado. Como los hilos se cruzan en todas direcciones, el patrón no se deforma y aumenta su resistencia. Puedes darle un aire más elegante si lo coses con hilo de color crudo.

Cómo se hace >> p. 54, 60, 70, 75

30

31

32
Asa-no ha

Con *asa-no ha* se crea uno de los patrones tradicionales japoneses más populares. Las puntadas van surgiendo desde el centro y crean un bello motivo. Si quieres marcar la diferencia en el acabado, presta atención al orden en que lo bordas y da puntadas regulares. El patrón que queda por la parte de atrás se llama *kikko moyo* (patrón de caparazón de tortuga).

Cómo se hace >> p. 61

33
Cojín alfiletero con *asa-no ha*

Te recomiendo que te acostumbres a los pequeños proyectos antes de pasar a uno más grande. Este alfiletero bordado sobre lino blanco con hilo fino es tan bonito que querrás repetirlo en diferentes colores.

Cómo se hace >> **p. 61, 74**

Kuguri zashi (motivo de puntadas entretejidas)

Otra de las técnicas de sashiko consiste en bordar desde la base de forma entretejida. Aunque la base de las puntadas sea la misma, si varías la forma de insertar la aguja obtendrás diferentes patrones.

a

b

34
Kikko hana zashi
(motivo de flores en caparazón de tortuga)

Si añades un punto en cruz, a modo de flor, dentro del *kikko moyo*, obtendrás el llamado *kikko hana zashi*. Para que los hilos de las puntadas dadas no queden sueltos, en este libro hemos ideado un orden de puntadas. La figura *e* se corresponde con el revés del patrón.

Cómo se hace >> **p. 55, 62**

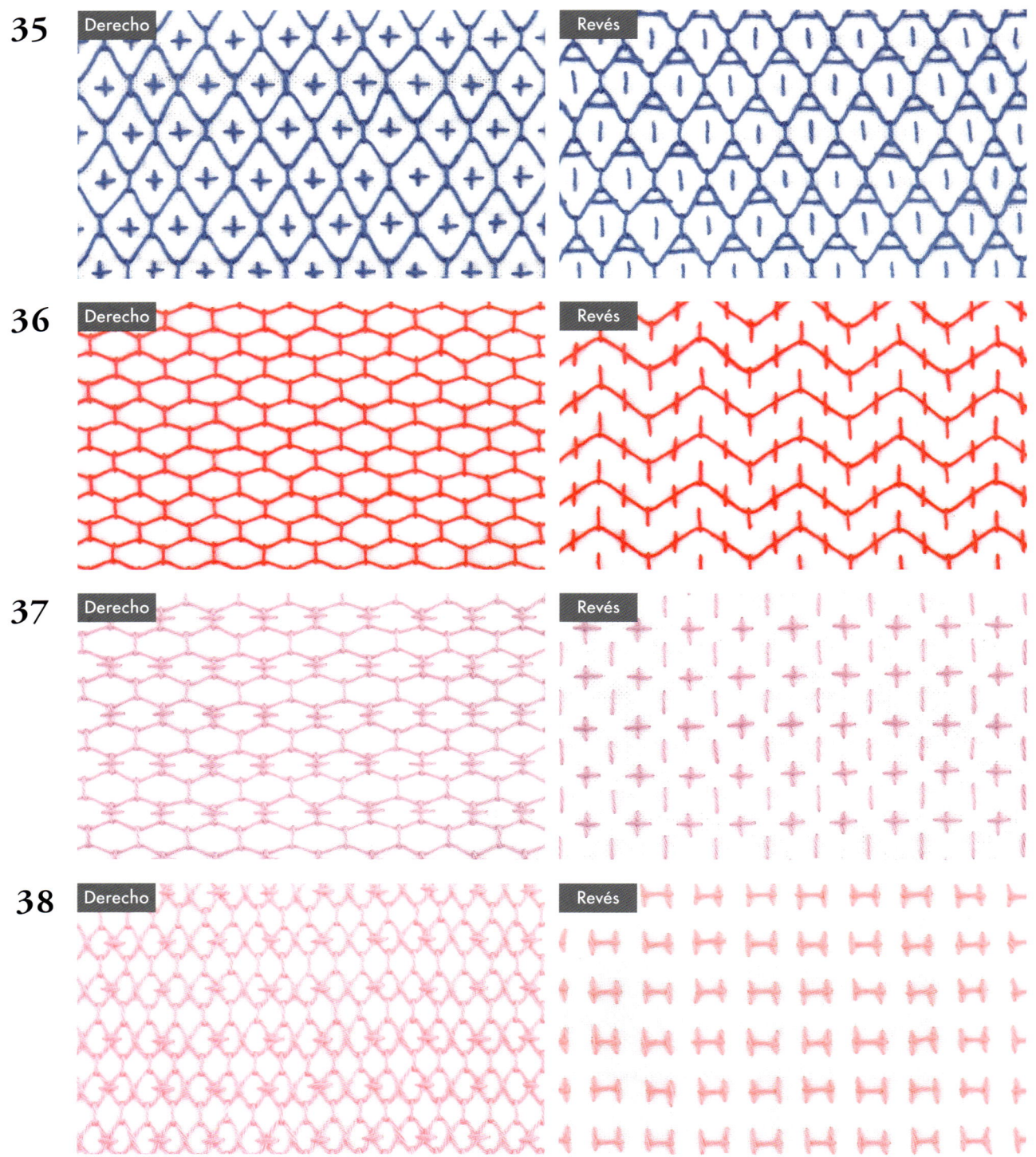

La figura 35 es *kikko zashi*. El derecho se conoce como *oyagame* (tortuga papá) y el revés, *kogame* (tortuga hijo). En la figura 36 se muestra el *zeni zashi*. En este caso, las puntadas verticales pasan tanto por el derecho como por el revés. La figura 37 es una variación de la 36. Para hacerla, intercala puntadas horizontales sobre las verticales del patrón *zeni zashi*. Ve pasando el hilo de forma que el patrón ondulado de la figura 38 quede alternado, como en la imagen.

35

36

37

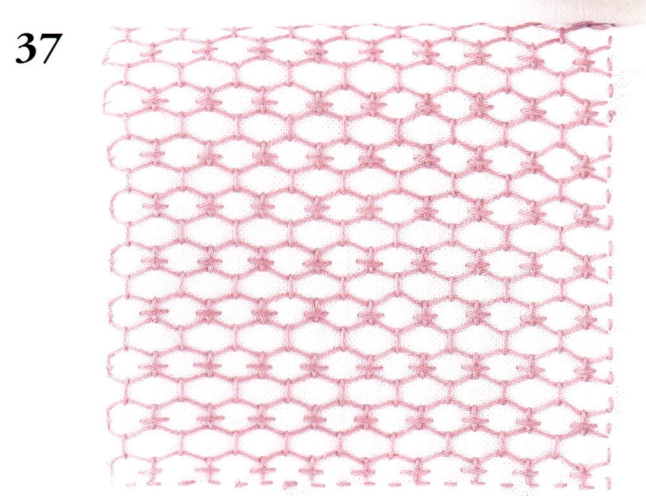

Kikko zashi
(motivo de caparazón de tortuga) y sus variaciones

Los patrones elaborados en *kuguri zashi* tienen un derecho y un revés únicos. Al elegirlo para embellecer una toalla, su encanto se multiplica por dos. Las figuras 36 y 37 son variaciones. En estos casos, cada vez que se da una puntada horizontal, se inserta la aguja desde el lado.

Cómo se hace >> **p. 62-63**

Koushi (motivo cuadriculado), *hana zashi* (motivo de flores) y *kome zashi* (motivo de arroz)

Lo interesante del *hitome zashi* es que, con la misma puntada de base, obtienes un patrón muy diferente al añadir pequeñas modificaciones y cambiar tanto el largo de las puntadas como la forma de darlas.

39
Koushi

Este es un patrón sencillo que se considera la base del *hitome zashi*. Deja 2 mm de espacio entre las intersecciones y borda con puntadas regulares, de un largo constante, por toda la línea guía. En la parte de atrás se formará un bonito patrón de puntitos.

Cómo se hace >> p. 63

40
Hana zashi (motivo de flores)

En una tela, dibuja una cuadrícula con líneas guía de 5 mm. Siguiendo estas líneas, borda con puntadas regulares, de la misma longitud, en vertical, horizontal y diagonal. El procedimiento se parece a *kome zashi*, pero en este caso las puntadas son más largas y el bordado se estrecha.

Cómo se hace >> **p. 63**

41
Muestra de *hana zashi*

Con el *hana zashi* también se forma un patrón tradicional japonés. Alinea el largo de las puntadas (para que todas midan lo mismo) y bórdalas siguiendo un movimiento radial, es decir, parte desde el centro. De este modo conseguirás un bello patrón. Si le añades pequeñas modificaciones te quedará como en la muestra.

Cómo se hace >> p. 63, 64, 66

42
Muestra de *kome zashi*

El nombre de este motivo se debe a su semejanza con el ideograma del término *arroz* en japonés. Después de bordar todo el trabajo en punto en cruz, si modificas el largo y la forma de dar las puntadas, obtendrás diferentes patrones.

Cómo se hace >> p. 64, 68

La figura 43 es *hana zashi* básico. La figura 44 es la misma que la 43 pero con puntadas que conectan las flores. En la 45, después de terminar la 43, he añadido *hishi moyo* (patrón de castaña). Fíjate en el patrón que se forma en la parte posterior (diseño en las págs. 63-64).

46
Minibolso con *hana zashi*

Adorable bolsito adornado con *hana zashi*. La clave para que quede elegante es combinar diferentes tonos de un mismo color. Para facilitar la disposición del patrón, empieza a bordar por la abertura del bolso. De esta forma le añadirás un toque de distinción.

Cómo se hace >> p. 63, 76

47

Monedero con *kobana moyo*
(patrón de pequeñas flores)

En este caso, añadí algunas modificaciones a *kome zashi* y utilicé dos colores. Si lo bordas con blanco y verde sobre lino azul marino, lograrás un precioso patrón de pequeñas flores. Si lo haces en tamaño mini, podrás llevarlo a todas partes.

Cómo se hace >> **p. 65, 77**

48

Mascarilla infantil y pañuelo con *kobana moyo*

Borda una mascarilla o un pañuelo para darle tu propio sello. Una combinación de colores que queda preciosa es rosa y verde. La mascarilla está bordada en tela de algodón y el interior lleva doble capa de gasa.

Cómo se hace >> p. 65, 77, 78

49
Sasa zashi
(motivo de bambú)

Cada pequeña puntada se parece a una hoja de bambú. Es un patrón sencillo pero muy bonito. Bórdalo con mimo. Haz que las tres puntadas que componen el motivo estén a la misma altura y que las intersecciones no se toquen.

Cómo se hace >> p. 65

Mi cuaderno de sashiko

Para hacer bonitos trabajos, primero te enseñaré conceptos básicos, como la forma de elegir el hilo o la tela y cómo manejar los hilos. Después, de forma detallada y con fotografías, te daré las claves para preparar la tela y bordarla. ¡No dejes de consultar esta sección!

Los fundamentos del sashiko

El tejido

Lo idóneo para hacer sashiko es utilizar una tela que permita el paso de la aguja. Ten cuidado, porque si la tela es muy gruesa, será difícil pasarla, pero si es demasiado fina el hilo se puede enredar y podría verse la parte de atrás.

a Lino
Usa lino de colores para bordar pequeños proyectos y elige un espesor y una tensión media. Como suele encoger, no te olvides de lavarlo primero.

b Algodón japonés
Tiene una tensión media, lo que nos permite coser de forma fluida. Es muy vistoso, ideal para el sashiko.

c-d Algodón
Es suave y absorbente. Al bordar un paño, se superponen dos capas de algodón para doblar el grosor. **c** tiene un ancho de 20 cm y es de uso comercial. **d** tiene un ancho de 33-34 cm. Como es difícil conseguir **c** al por menor, en este libro me centraré en hacerlo con **d**.

El hilo

Cuando quieras bordar un proyecto más grueso y mullido, utiliza hilo Sashiko. Si buscas un proyecto más fino, elige un hilo más delgado, acorde con el grosor de la tela y el patrón que quieras bordar.

Hilo Sashiko
Hilo especial para bordar sashiko, se crea enrollando varias hebras de algodón finas para que el resultado final quede más bonito y mullido. El color y la textura varían según el fabricante, ¡así que encuentra tu favorito!
a Madeja de 20 m, 29 colores (OLIMPUS).
b Fino, madeja pequeña de 40 m, 20 colores (DARUMA). **c** Paquete de 85 m, 21 colores (HOBBYRA HOBBYRE).
d Paquete de 145 m, 44 colores (HIDA-SASHIKO). **e** Hilo fino, paquete de 370 m, 25 colores (ODORIYA). **h** «Fino», bobina de 40 m, 35 colores (DARUMA).

Hilo de coser
Hilo adecuado para bordar un motivo más fino y delicado en un patrón o proyecto pequeño. Recomiendo el hilo 100 % algodón, la tela se trabaja muy bien con él.
f Hilo fino para labores, 100 m, 56 colores (DARUMA). **g** Hilo fino para labores, 100 m, 9 colores (DARUMA). **i** Hilo fuerte de 24 grosores distintos, 100 m, 30 colores (KINKAME).

Herramientas

Si eliges materiales fáciles de usar el trabajo será más sencillo y marcará la diferencia en los acabados. Aquí te muestro los utensilios básicos que debes reunir.

a Regla
Se utiliza para trazar las líneas que te servirán de guía. Si usas una regla cuadriculada más larga que la tela, dibujarás las líneas con más precisión. Regla cuadriculada 50 cm (CLOVER).
b Dedal
Apoya la cabeza de la aguja contra él para ayudarte en las puntadas. Hay de varios tipos; elige el que te resulte más cómodo.
c Enhebrador
Para ayudarte a enhebrar. El hilo para sashiko es grueso, así que quizá te cueste pasarlo por el ojo de la aguja. Un enhebrador te resultará útil. Enhebrador Petit cut (CLOVER).
d-e Tijeras
Ten a mano unas tijeras de sastre o de costura, las más fáciles y cómodas de usar, según tu proyecto.
f-g Marcador textil / Lápiz de marca de costura
Se utilizan para trazar las líneas de la cuadrícula que te servirán de guía. **f** Con un marcador al agua, borrable, las líneas finas se pueden dibujar sin problema y es difícil que se borren de forma imprevista (SEWLINE).

g Cuando quieras bordar una tela de color oscuro, puedes usar un lápiz tiza o una tiza hidrosoluble (CLOVER).
h Aguja de sashiko
Aguja con el ojo más grande de lo normal y punta más afilada. Puede ser de muchos tipos, así que elige la que tenga el largo que te resulte más fácil de manejar. Las agujas de la izquierda forman parte de un set de diferentes longitudes, el surtido de agujas cortas de sashiko. La de la derecha es larga y lisa, llamada Big Eye Straight, ideal para bordar *hitome zashi*. Ambas vienen envueltas en papel (TULIP).
i Aguja de coser / Alfileres
Se utilizan cuando se cose un artículo o para fijarlo de forma temporal.
k Hilo de hilvanar
Se usa para confeccionar pequeños proyectos o marcar el margen de costura de la tela. Evita que la tela se mueva, pues la fija temporalmente.

Cómo usar el dedal

Es mejor coser varias puntadas al mismo tiempo que ir de una en una. Cuando te acostumbres, empieza a usar el dedal. Póntelo en el dedo corazón de la mano dominante.

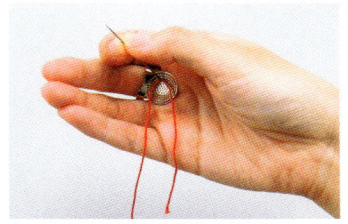

Sostén la aguja con el índice y el pulgar y apoya la cabeza de la aguja en el dedal.

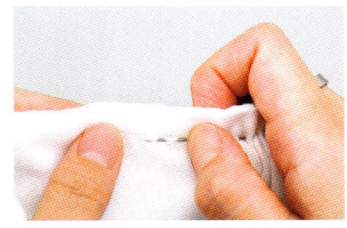

Mientras mueves la aguja arriba y abajo, usa el dedal para empujarla y hacer avanzar las puntadas.

Preparar el hilo

El hilo Sashiko se vende en madejas. Primero debe deshacerse y prepararse de modo que tenga un largo fácil de manejar.

Preparar el hilo de la madeja:

1

Quita la etiqueta.

2
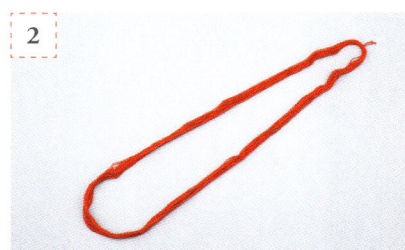
Deshaz la madeja y disponla en forma de anillo.

3

Verás que hay un nudo. Córtalo.

4

Enróllate el hilo alrededor de la punta del dedo.

5

Retira el hilo enrollado en el dedo con el índice y el pulgar y enrolla el resto alrededor del centro de este.

6

A medida que se acumule el hilo, ve cambiando el ángulo para formar un ovillo.

7

Termina de enrollarlo. Si el extremo final está deshilachado, córtalo.

8
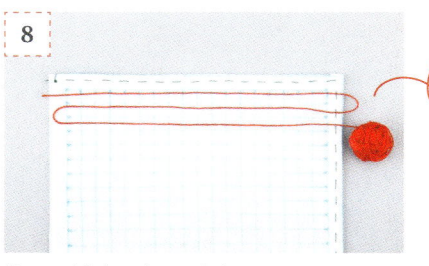
Corta el hilo a la medida necesaria.

> **¡La clave!**
> Como en el *hitome zashi* no se puede empalmar dos hilos en mitad del bordado, mide la longitud del hilo que necesitarás según el espacio a bordar. Como referencia, si vas a bordar un paño, necesitarás de dos a tres vueltas del hilo del tamaño del ancho de la tela más unos 10 o 15 cm. Si el hilo es demasiado largo, se irá desgastando y se enredará, así que es mejor alargarlo a medida que nos acostumbremos a manejarlo.

Cómo enhebrar:

1
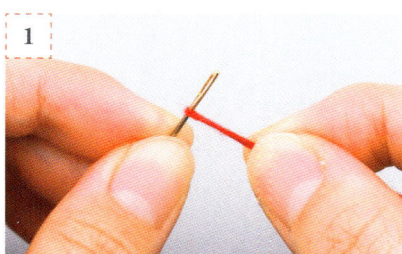
Dobla el extremo del hilo por la mitad, inserta la aguja en el pliegue y tira del hilo con los dedos.

2
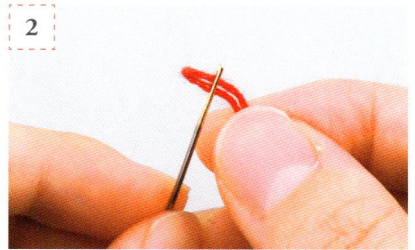
Saca la aguja del pliegue y métela por el ojo de la aguja. Si el hilo es grueso y te cuesta enhebrarlo, usa un enhebrador.

3
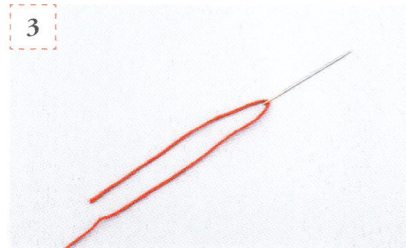
Cuando el hilo haya pasado, deja de 10 a 15 cm extra.

Los extremos del hilo

Al coser el borde de una tela o bordar pequeños proyectos que tengan una tela de respaldo por detrás, hacemos un nudo de remate al principio y una puntada de remate al final para evitar que el hilo se salga. El tamaño del nudo será proporcional al número de veces que enrolles el hilo.

Nudo de remate:

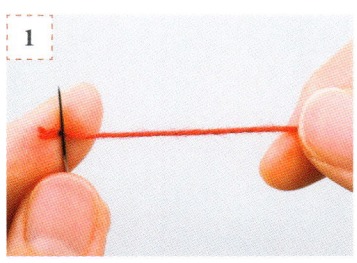
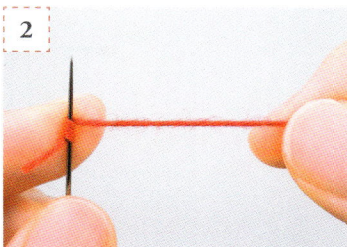

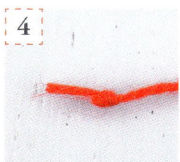

1. Pon la punta de la aguja enhebrada contra la yema del dedo índice y aprieta el extremo del hilo bajo ella.

2. Enrolla el hilo alrededor de la punta de la aguja una o dos veces mientras lo sujetas.

3. Sostén el hilo enrollado con los dedos y desliza la aguja hacia arriba. Ten cuidado, no sueltes el hilo.

4. Lleva el hilo hasta el final y tendrás listo el nudo de remate. Corta el sobrante a ras del nudo.

Puntada de remate:

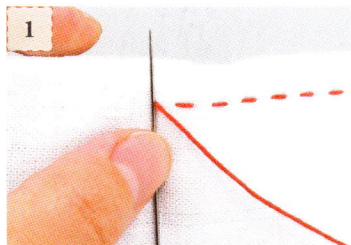
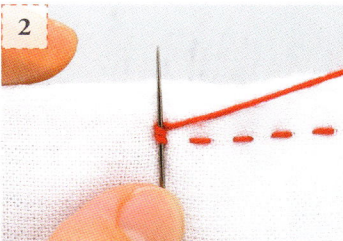
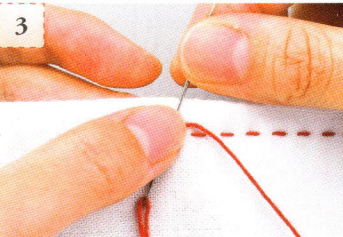

1. Coloca la aguja en el tope de la costura y sujétala con el índice y el pulgar.

2. Enrolla el hilo en la base de la aguja dándole una o dos vueltas.

3. Para que el hilo enrollado no se deshaga, sujétalo con la mano izquierda mientras pasas la aguja.

4. La puntada de remate estará lista cuando termines de pasar todo el hilo hasta el final. Corta el sobrante al ras del nudo.

Consejos para un buen acabado

Mientras bordas, el hilo puede enrollarse sobre sí mismo, deshilacharse e incluso romperse. Si sucede y continúas con el trabajo, las puntadas no serán uniformes ni conseguirás un buen acabado. Comprueba el estado del hilo cada poco tiempo mientras bordas y ajústalo o arréglalo si es necesario.

Si el hilo se enrolla sobre sí mismo

Gira la aguja en dirección contraria a la torsión del hilo para recuperar su forma.

Si el hilo se deshilacha

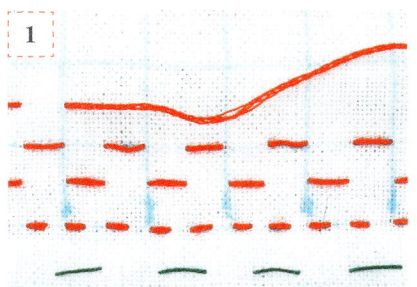
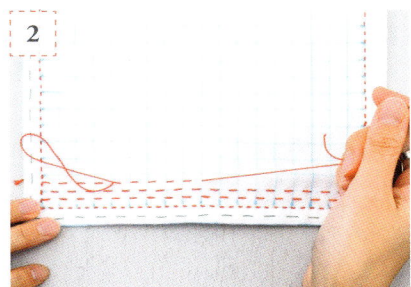

Cuando la torsión del hilo se afloja, se deshilacha y se vuelve irregular. En ese caso, tira del hilo mientras giras la aguja en la dirección de la torsión original.

Técnica 1
Confeccionar una muestra del patrón escalonado

El fundamento del *hitome zashi* es bordar siguiendo una línea guía que va marcando el trazado en vertical, horizontal y diagonal a medida que se dan puntadas de la misma longitud. Para empezar, vamos a recordar algunas de las claves del *hitome zashi* haciendo una pequeña muestra de *dan tsunagi*. Todos los diseños que aparecen en el libro se basan en una cuadrícula de 5 mm. Sin embargo, es muy difícil trazar una cuadrícula de esta medida con precisión. Por eso voy a explicar la forma de bordar con líneas guía en una cuadrícula de 1 cm. Puede que al principio te cueste, pero en cuanto te acostumbres podrás hacerlo y cada vez te será más fácil llevar a cabo la preparación. Además, en el caso de hacer una muestra en tela, el acabado será más bonito y limpio si no haces punto inicial de remate ni remates la puntada al final. Con estas indicaciones te convertirás en una experta en empalmar hilos y manejar sus extremos.

Notas

- Corta la tela según el tamaño de la muestra que quieras hacer. Dobla el margen de costura e hilvana.
- Dibuja líneas en la tela hasta formar una cuadrícula que te sirva de guía para tu motivo.
- Las primeras puntadas en la técnica *hitome zashi* son grandes, y esto dificulta la posibilidad de empalmar hilos en mitad del bordado, así que asegúrate de tener un hilo suficientemente largo para llegar hasta el final. En el caso de las muestras en tela mini, necesitarás de 2 a 3 vueltas del hilo sobre el ancho de la tela.
- Deja el hilo sobrante del principio y el final de cada parte y córtalos al terminar el patrón.

Tamaño final: 21 de largo × 20 cm de ancho
Diseño de la pág. 58

Revés

Aquí mostramos cómo se hace una minimuestra en una tela de 33 cm de ancho. Si la prefieres en otro tamaño, consulta la pág. 53.

1 Cortar la tela e hilvanar

1 El algodón se deforma mucho y necesita una preparación previa: sacar el hilo central de la tela. Necesitamos el doble del largo de la altura del proyecto más 2 cm para el margen de costura (en este caso, 44 cm). Cuando lo tengamos, doblamos la tela por la mitad y cortamos el borde.

2 Saca un hilo de la trama de la tela que has cortado y tira de él despacio mientras la tela se frunce hacia la izquierda. Si el hilo se rompe durante el proceso, sácalo del todo siguiendo este método.

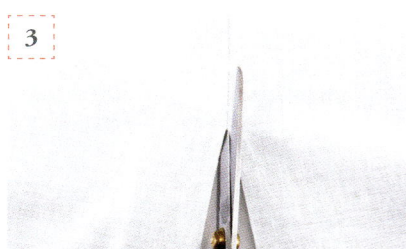

3 Corta la tela siguiendo el rastro que ha dejado el hilo sacado.

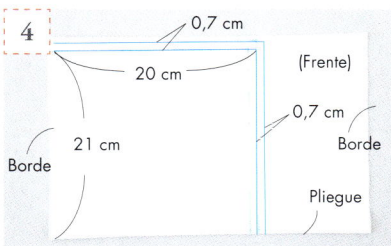

4 Plancha al vapor la tela para prepararla. Dóblala por la mitad en vertical, que coincidan los bordes. Dibuja una línea de 21 cm partiendo del pliegue y una de 20 cm desde el borde. Dibuja un margen de costura de 7 mm por el borde exterior (no es necesario hacerlo en el borde).

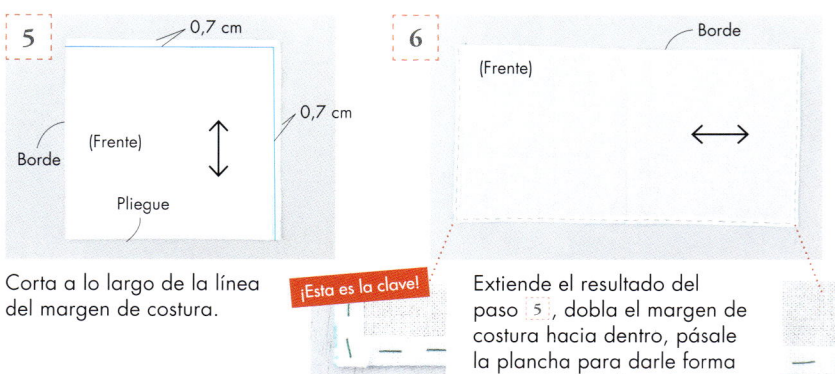

5 Corta a lo largo de la línea del margen de costura.

¡Esta es la clave!

6 Extiende el resultado del paso 5, dobla el margen de costura hacia dentro, pásale la plancha para darle forma y, por último, hilvánalo.

2 Dibujar las líneas guía

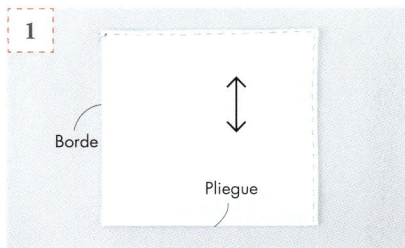

1 Vuelve a doblarlo a la mitad y alísalo con la mano si es necesario.

2 Dibuja líneas de 1 cm por toda la tela. Primero, haz marcas en el lado izquierdo y derecho de la tela para guiarte. Después, apoya la regla sobre la tela para trazar las líneas con precisión.

3 Une las marcas que has dibujado en el paso 2 para formar líneas horizontales. No aprietes demasiado el lápiz o la tela podría darse de sí.

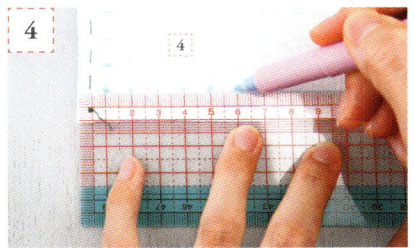

4 De la misma forma, haz marcas de 1 cm en los bordes superior e inferior de la tela.

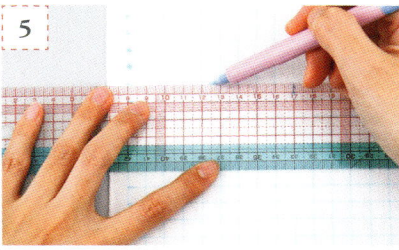

5 Conecta los puntos que has marcado en el paso 4.

6 Ya tienes todas las líneas terminadas. Este será el derecho de la tela. Inmovilízalo poniéndole alfileres alrededor.

3 Coser el margen de costura

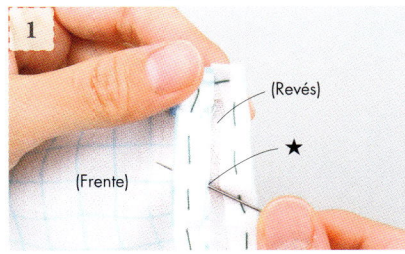

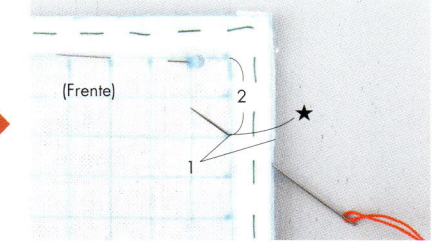

1 En este paso, corta un hilo de unos 1,50 o 1,60 m. Inserta la aguja entre las dos piezas de tela y saca la aguja por el frente como en ★.

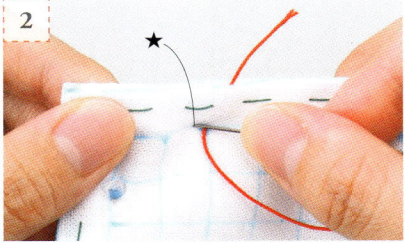

2 Gira 90 grados a la izquierda y cose a lo largo de la línea guía con puntadas de 2,5 mm. Deja unos 3 cm de hilo.

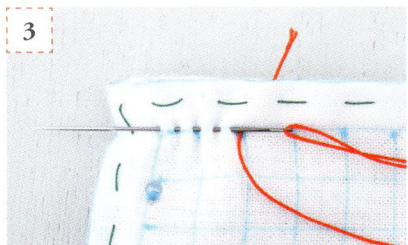

3 Da puntadas hasta la esquina izquierda y tira suavemente del hilo.

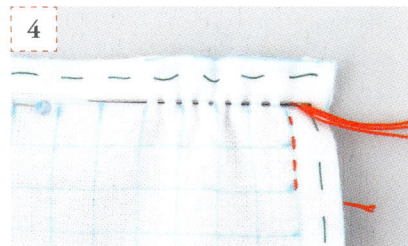

4 Cuando llegues a la esquina, repite las puntadas como en el paso anterior. Si das muchas seguidas, al tirar, estas se alinean y quedan bien, pero si te resulta más fácil ir poco a poco, ve haciendo tandas.

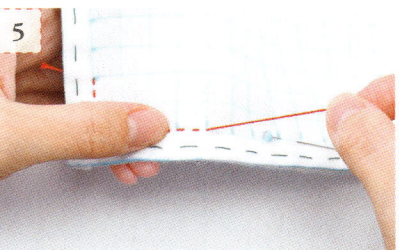

5 Tira del hilo cuando lleves unos 4 cuadrados. Si tiras con mucha fuerza, las esquinas pueden deformarse, así que hazlo lenta y suavemente, sujetando la aguja con la mano izquierda.

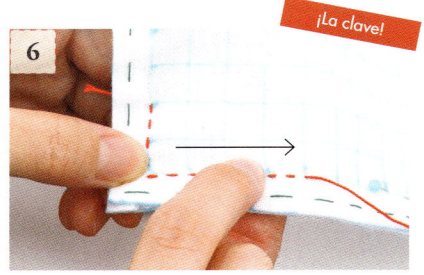

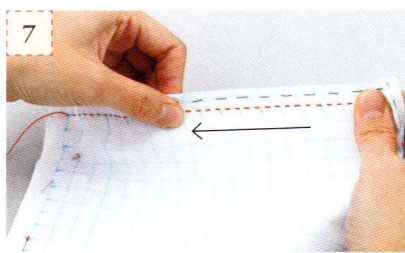

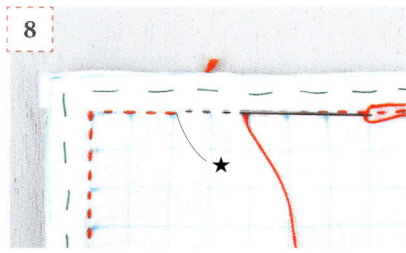

En este punto, deja a un lado la aguja y peina la tela: estírala con los dedos para que no quede fruncida por el paso de tantas puntadas. Así, hilo y tela tendrán la tensión adecuada.

Cada vez que termines de coser un lado, vuelve a peinar la tela. Así evitarás que el hilo vaya deformándola.

Cose toda la línea que forma el marco exterior hasta llegar un poco antes del punto donde empezaste.

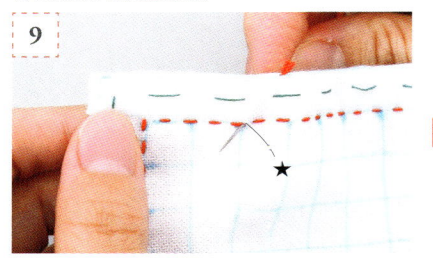

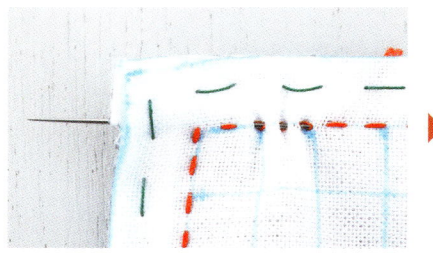

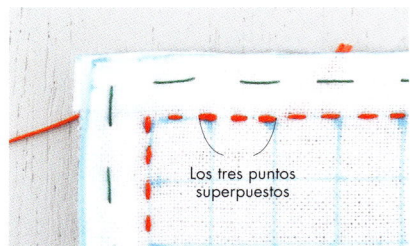

Cuando llegues a la primera puntada, saca la aguja por ese mismo punto y superpón tres puntos.

4 Coser las líneas horizontales

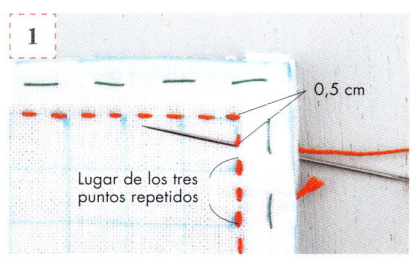

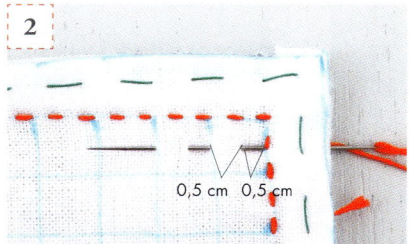

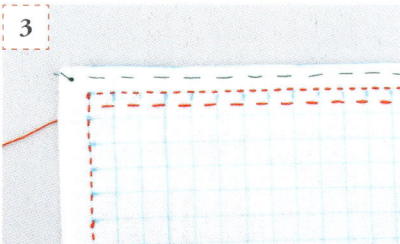

Continúa bordando las líneas horizontales. Gira la tela 90 grados hacia la derecha. Empieza por la esquina superior derecha e inserta la aguja desde detrás. Sácala a 5 mm.

Da puntadas de 5 mm. Entre ellas, deja espacios de esa misma medida para que las puntadas del frente y el revés tengan el mismo largo.

Continúa hasta llegar al último punto de la primera vuelta.

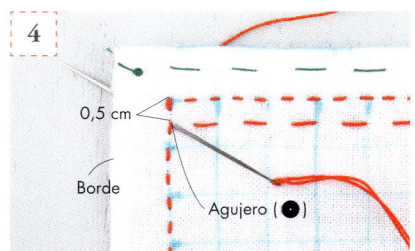

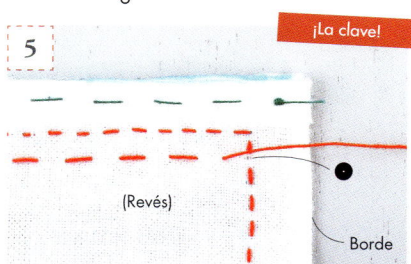

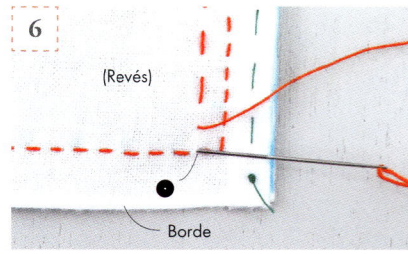

En el lugar donde acabe el punto (en la intersección, donde se cruzan la línea horizontal y el marco exterior), haz un agujero para marcar ●.

Este es el revés del paso 4. Si sigues bordando la siguiente fila, el hilo se torcerá en diagonal por la parte de atrás. Para evitarlo, inserta la aguja por ● y pásala entre las dos piezas de tela.

Gira 90 grados a la derecha la posición del paso 5, inserta la aguja por el agujero del paso 4 y sácala por la parte de atrás de la tela.

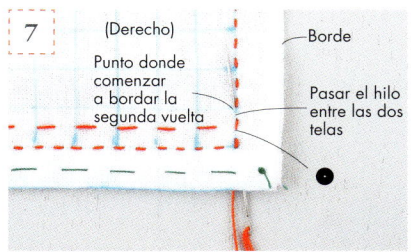

Vuelve a darle la vuelta y deja el borde a la derecha. Al mover la punta de la aguja de izquierda a derecha, pásala entre las dos piezas de la tela y sácala desde el lugar donde empezaste la segunda vuelta.

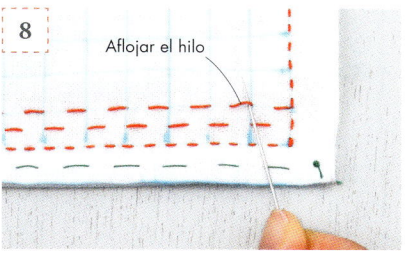

Da una puntada para conectar la segunda vuelta con la primera. Si dejas el extremo del punto un poco holgado, será más difícil que el hilo se enrede en la tela y la frunza.

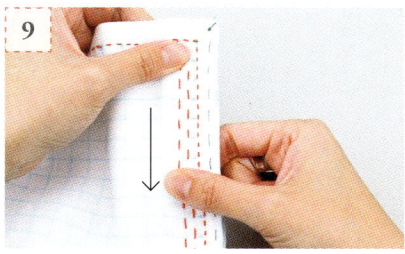

Cada vez que termines de bordar una fila, vuelve a peinar la tela: con la mano izquierda sujeta el hilo, con la derecha, alísala para que no quede fruncida por tantas puntadas. Después, borda la línea horizontal.

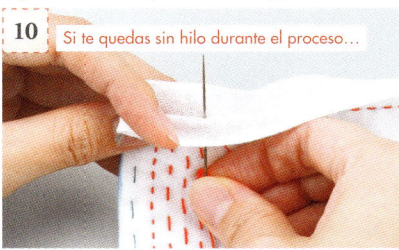

Si te quedas sin hilo mientras bordas una línea horizontal, haz el empalme del hilo en el borde. Cuando llegues al final de una fila, saca la aguja entre las dos telas.

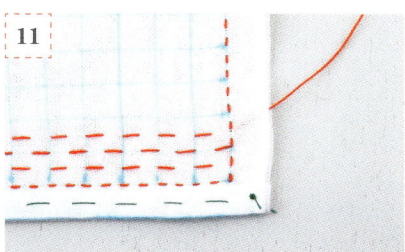

Deja unos 5 cm de hilo sobrante y córtalo.

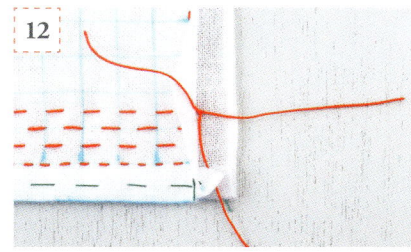

Prepara el nuevo hilo y átalo con el que se ha acabado entre las dos telas.

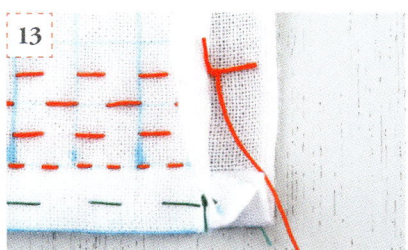

Deja 1 cm de hilo sobrante (un largo que no se salga por el borde) y córtalo.

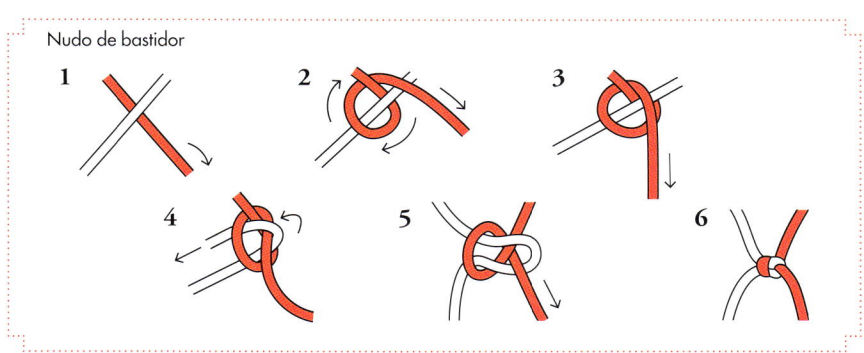

Nudo de bastidor

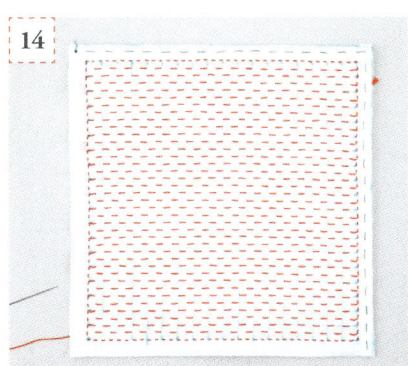

Continúa el proceso hasta terminar todas las líneas horizontales.

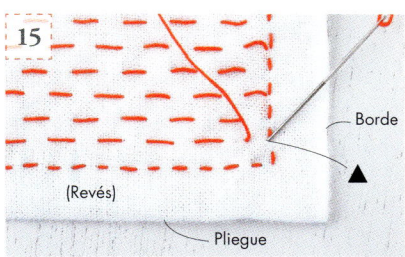

Inserta la aguja en el punto final (▲).

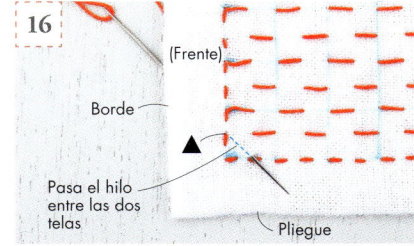

Pon el trabajo de frente y pasa la aguja entre las dos telas. Inserta la aguja por el punto en el que empezaste a bordar las líneas verticales.

5 Bordar las líneas verticales

✳ Para facilitar la comprensión, he cambiado el color del hilo para bordar las líneas verticales. En realidad, serían del mismo color que las horizontales.

1

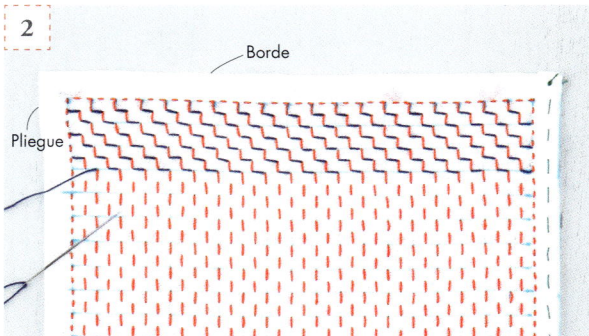

2

Gira 90 grados el trabajo anterior (apartado 4, paso 16, pág. 51) y sigue con las líneas verticales. Si insertas la aguja en el mismo agujero que las líneas horizontales, el hilo se enredará. El truco es meterla lo más cerca posible, pero sin que sea el mismo agujero.

Borda hasta llegar a la sexta fila. Si alternas las puntadas verticales con las horizontales, crearás un patrón escalonado. Una vez más, recuerda que es recomendable que, antes de empezar a bordar, midas el largo del hilo que vas a necesitar para hacer el empalme en el lado del margen de costura.

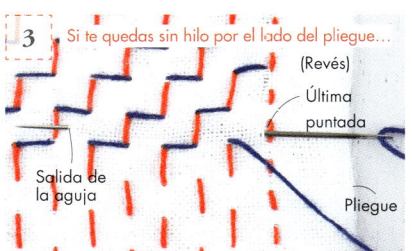

3 Si te quedas sin hilo por el lado del pliegue...

4

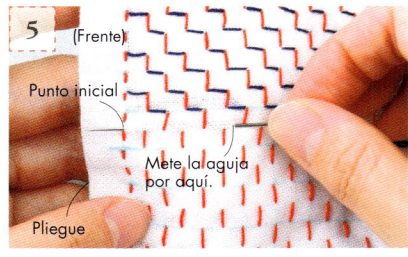

5

Si el hilo se acaba por el lado del pliegue, termina la vuelta, inserta la aguja en el último punto, pásala entre las dos telas y vuelve a sacar el hilo a unos 3 o 4 cm, hacia la dirección en la que estabas bordando.

Tira del hilo para ajustar la tensión de los puntos y corta el extremo dejando unos 2 o 3 cm.

Enhebra un nuevo hilo y clava la aguja a una distancia de 3 o 4 cm desde el punto de inicio de la siguiente vuelta. Pasa la aguja entre las dos telas y sácala por el punto inicial.

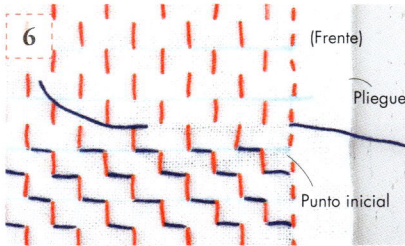

6

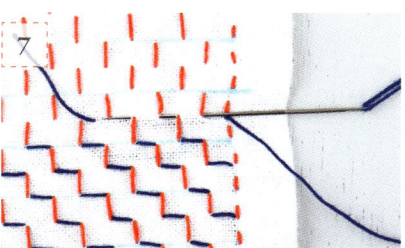

7

Gira la tela y tira del hilo. Deja que el hilo sobre unos 2 o 3 cm.

Sigue bordando. Si usas hilo Sashiko, al lavar la tela varias veces, esta y el hilo se asentarán (el hilo no se va a salir).

Cuando quieres que los extremos queden firmes...

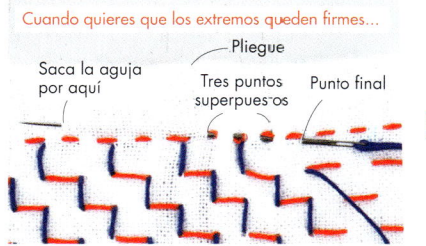

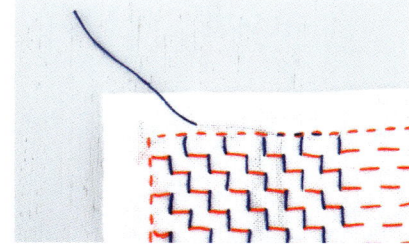

Te recomiendo este método si usas hilo de coser u otro hilo fino. Inserta la aguja en el punto en el que has terminado de bordar (punto final), dobla la primera capa de tela y pasa la aguja entre las dos capas. Haz tres puntos superpuestos a tres de los puntos ya hechos en el marco de la tela. Pasa una vez más la aguja entre las dos telas y sácala a unos 3 o 4 cm de distancia. Corta el extremo del hilo, dejando unos 2 o 3 cm de sobra. Al añadir un hilo nuevo, inserta la aguja a una distancia de 3 o 4 cm de las puntadas que forman el marco, y pasa la aguja entre las dos telas. Para que las puntadas no se superpongan de nuevo a las puntadas que acabas de hacer, superponla solo en el tercer punto del marco y empieza a bordar el patrón desde ahí.

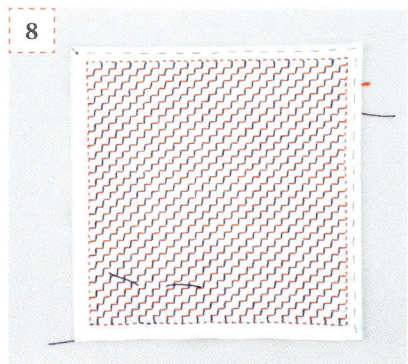

Termina de bordar todas las líneas verticales. Consulta las indicaciones de la pág. 52 para saber qué hacer con el extremo del hilo al terminar de bordar y dar tres puntadas en el marco exterior. Deja el extremo que sobra del hilo en el punto donde los empalmaste.

Une los márgenes de costura y ciérralos por el lado que se doblan con la técnica de unión en U (ver pág. 56). Puedes coser a máquina el interior a 2 mm del borde.

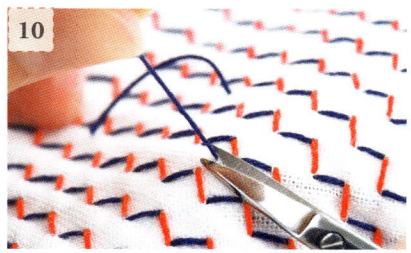

Moja toda la pieza, borra todas las líneas que te han servido de guía, sécala y plánchala. Corta desde la raíz los hilos que sobresalgan tirando un poco de ellos.

Cómo cortar y terminar la tela

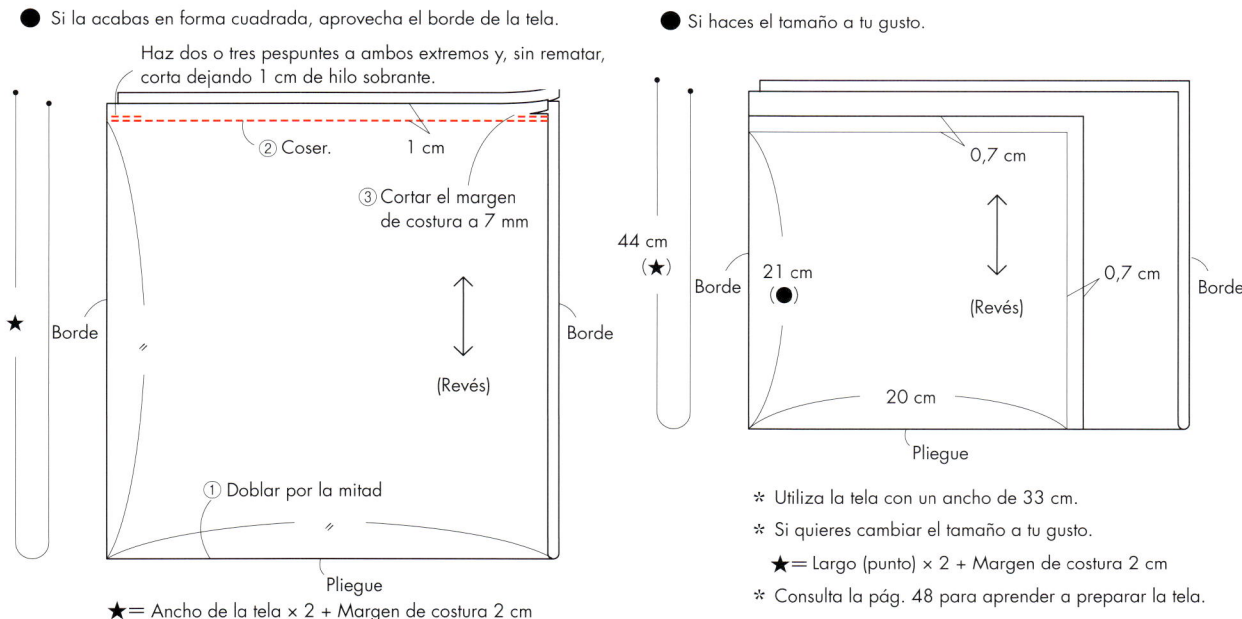

● Si la acabas en forma cuadrada, aprovecha el borde de la tela.

Haz dos o tres pespuntes a ambos extremos y, sin rematar, corta dejando 1 cm de hilo sobrante.
② Coser.   1 cm
③ Cortar el margen de costura a 7 mm
Borde
(Revés)
① Doblar por la mitad
Pliegue
★ = Ancho de la tela × 2 + Margen de costura 2 cm

● Si haces el tamaño a tu gusto.

0,7 cm
44 cm (★)
Borde
21 cm (●)
(Revés)
0,7 cm
Borde
20 cm
Pliegue

✻ Utiliza la tela con un ancho de 33 cm.
✻ Si quieres cambiar el tamaño a tu gusto.
 ★ = Largo (punto) × 2 + Margen de costura 2 cm
✻ Consulta la pág. 48 para aprender a preparar la tela.

Técnica 2
Claves para bordar *juji hana zashi* (pág. 26)

La mezcla de puntadas verticales, horizontales y diagonales crea un patrón delicado y encantador, el *juji hana zashi*. ¡Tienes que bordarlo al menos una vez! En este apartado ofrezco las claves para obtener un buen acabado y seguir un orden de puntadas para un tamaño de 8 × 6 cm. Si tiras con fuerza de la tela al peinar una línea diagonal, se puede dar de sí y deformarse; acuérdate de guiar el hilo con la yema de los dedos o pasar la palma de la mano para reforzar el recorrido que debe seguir.

Notas

- Consulta las págs. 48-53 para aprender a preparar la tela y saber qué debes hacer con el extremo de los hilos.
- Traza una cuadrícula de 1 cm que te sirva de guía en la tela.
- Si bordas con hilo fino de coser, después de empalmarlo con otro hilo, hazle un doble nudo para que no se suelte.
- Borda las puntadas verticales y horizontales de los lados; para conectarlas, borda las líneas diagonales.
- Cuando vayas a bordar la siguiente fila, pasa la aguja entre las dos telas y asegúrate de que el punto no salga por la parte de atrás (ver págs. 48-53).

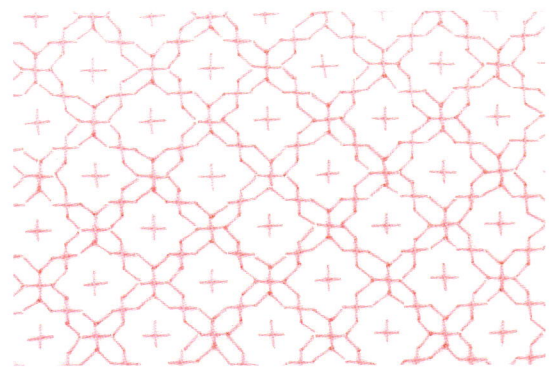

Diseño de la pág. 60

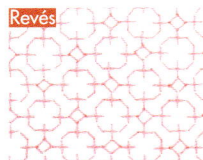

Revés

✻ **Para facilitar la comprensión, he cambiado el color del hilo al bordar en cada dirección. Cuando empieces a bordar, hazlo de derecha a izquierda y ve girando la tela.**

1 Bordar las filas horizontales

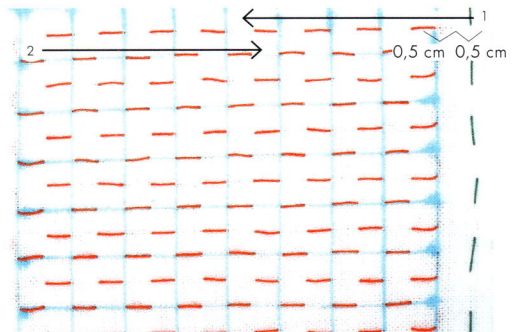

Consulta el paso 4 de la pág. 50 y borda puntos de 5 mm siguiendo la línea guía. Los puntos tienen la misma longitud tanto por delante como por detrás. Borda todas las filas dando puntadas alternas para que adquieran la forma deseada.

2 Bordar las filas verticales

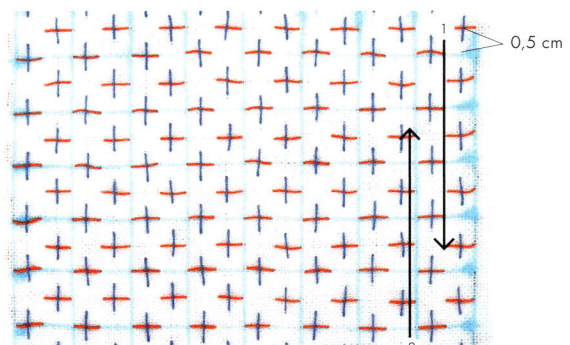

Gira la tela y borda siguiendo la línea (azul) con puntadas de 5 mm por encima de las que has hecho en el paso 1. De esta forma crearás las cruces.

3 (╲) Bordar las líneas diagonales

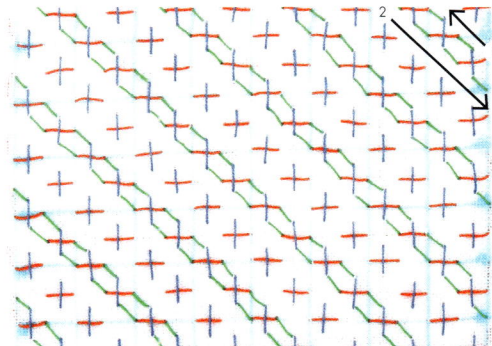

Gira la tela y borda las líneas diagonales (verde). Para conectar las puntadas que has hecho en el paso 2 (+), borda de derecha a izquierda. Ahora, inserta la aguja justo al lado de la puntada (+) y conecta los puntos + cada dos filas.

4 (╱) Bordar las líneas diagonales

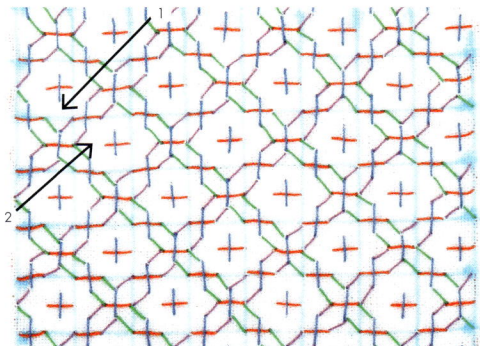

Vuelve a girar la tela y haz las líneas diagonales (en morado) cada dos filas de la misma forma que el paso anterior (3).

Técnica 3

Las claves para bordar *kikko hana zashi* (pág. 30)

Para hacer el motivo en zigzag *kikko hana zashi*, pasa el hilo de forma alterna, arriba y abajo, sobre las puntadas verticales ya dadas. El nombre de este motivo se debe a su forma de hexágono con una pequeña flor en el centro. La clave está en no bordar todas las filas horizontales de una vez, sino ir fila a fila. De esta forma, el hilo queda mejor, más firme y bonito. En este patrón no se puede empalmar un hilo en mitad de la fila, así que asegúrate de tener la longitud suficiente para llegar hasta el final.

Notas

- Consulta las págs. 48-53 para aprender a preparar la tela y saber qué debes hacer con el extremo de los hilos.
- Traza una cuadrícula de 5 mm que te sirva de guía en la tela.
- Primero borda las líneas verticales; a continuación, cada vez que bordes una línea horizontal, pasa el hilo por las puntadas verticales.
- Si bordas con hilo fino de coser, después de empalmarlo con otro hilo, hazle un doble nudo para que no se suelte.

Diseño de la pág. 62

* Para facilitar la comprensión, he cambiado el color del hilo al bordar en cada dirección. Cuando empieces a bordar, hazlo de derecha a izquierda y ve girando la tela.

1 Bordar las filas verticales

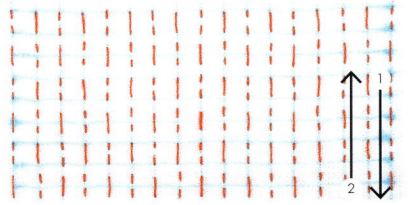

En la primera fila se bordan de forma alterna dos puntadas cortas en un cuadrado y una puntada larga en la intersección de dos cuadrados. En la segunda fila, borda al contrario de la primera y continúa hasta el final.

2 Bordar las líneas horizontales

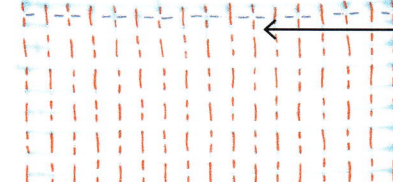

Borda dos puntos cortos entre los dos puntos cortos del paso anterior para formar una cruz.

3 Pasar el hilo por las puntadas verticales

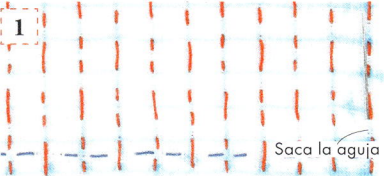

Gira la tela 180 grados al terminar las puntadas horizontales. Pasa la aguja entre las dos telas y da una puntada larga hacia la fila anterior; saca la aguja ligeramente hacia la izquierda.

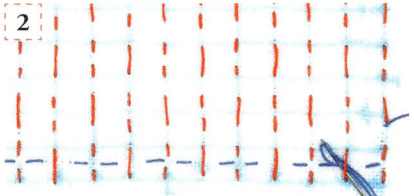

Saca el hilo y pásalo cerca de la puntada larga de la fila de la izquierda. Ahora, pásalo por el ojo de la aguja; así no se saldrá de la tela ni se romperá.

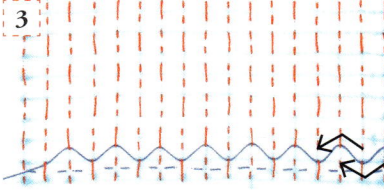

Pasa el hilo a través de las puntadas largas de forma alterna, por arriba y por abajo, en forma de zigzag. No tires demasiado del hilo.

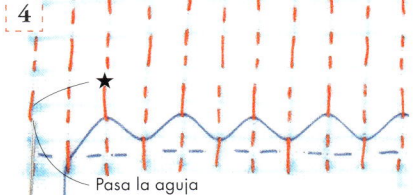

Cuando llegues al final, clava la aguja hacia la derecha, por debajo de las puntadas largas, y pásala entre las dos telas. Para empezar la siguiente fila, pasa la aguja por la marca (★) desde el revés de la tela.

4 Volver a bordar las líneas horizontales

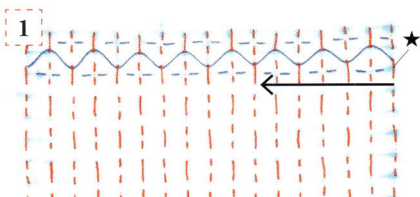

Gira la tela 180 grados y borda la primera línea horizontal. Igual que en el apartado **2**, haz dos puntos cortos cada vez para que las puntadas verticales se conviertan en cruces.

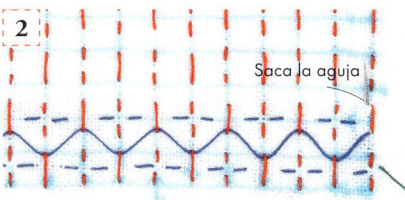

Gira la tela 180 grados, pasa la aguja entre las dos telas y sácala cerca del lado superior izquierdo de las puntadas largas.

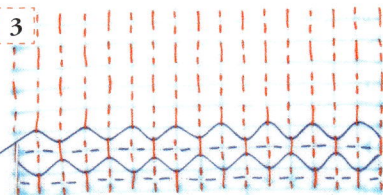

Repite los pasos y pasa el hilo por todas las puntadas largas.

Elaborar proyectos y diseños

Antes de empezar

- En el material encontrarás el fabricante del hilo, el nombre del producto y el color.
- Si no se indica lo contrario, las dimensiones de la tela se expresan en ancho × largo.
- Si quieres hacer un proyecto pequeño, corta 2 cm extra tanto de ancho como de largo para que no te falte tela cuando encoja. En este libro se muestran las dimensiones teniendo en cuenta que encoge.
- Si no se indica lo contrario, las cantidades se expresan en centímetros.
- Todos los diseños se basan en una cuadrícula de 0,5 cm y se incluyen a tamaño completo.
- Si no se indica lo contrario, traza en la tela una cuadrícula con líneas guía de 1 cm para comenzar tu motivo.
- El tamaño final es aproximado. Dependiendo del grosor del hilo, de la tela o de la tensión en el bordado, el acabado será diferente.
- El tamaño básico de la tela que se usa en este libro es de 21 × 20 cm (de la pág. 33 a la 35 es de 21,5 × 23,5 cm). El método para confeccionar las muestras de tela es siempre el mismo. Consulta las págs. 48 y 53 para adaptarlo a tu tamaño favorito.
- Lava la tela antes de hacer proyectos pequeños.
- Al terminar de bordar un pequeño proyecto, pásala por agua para borrar las líneas que te han servido de guía, sécala y plánchala. Comprueba si quedan marcas en las líneas ya terminadas. El resultado final tendrá las dimensiones correctas.
- Los proyectos que no se borden sobre una tela tendrán una tela de apoyo por detrás. Empieza a bordar y, cuando termines, haz un remate. Las telas ásperas como el lino se sueltan con facilidad, así que une la tela con firmeza.
- Consulta la pág. 61 para ver la forma de bordar el lateral de la tela.
- Consulta cada diseño para saber qué hilo se ha utilizado.

Cómo leer el diseño

- Las líneas finas que están dentro del diseño (cuadrícula de 1 cm) funcionan como guía.
- Al bordar, presta atención al punto que indica dónde debe entrar el patrón.
- Todos los diseños son a tamaño real. Auméntalo o disminúyelo según el proyecto que quieras hacer.
- Si quieres bordar un proyecto pequeño, centra el diseño y reajusta la ubicación.
- Las flechas y los números de los diseños indican el orden y la dirección de las puntadas. Además, para facilitar la comprensión, he cambiado el color del hilo al bordar en cada dirección.
- En el diseño se muestran la posición y la longitud de las puntadas. El orden es solo una sugerencia. Hazlo como te resulte más sencillo.

Técnica de unión en U

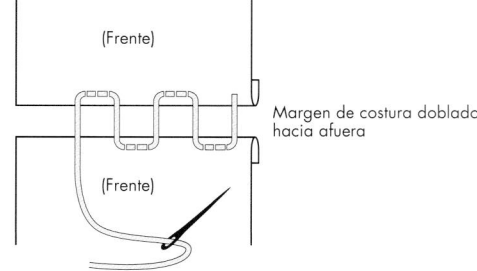

Mientras pliegas hacia afuera los márgenes de costura, cierra los puntos para que no se vean por delante.

Pág. 7 **1** *Nijukaki-no hana*
(doble flor del caqui)

Hilo de bordar (ODORIYA) Rojo 2 (24)

Pág. 8 **3** *Kaki-no hana*
(flor del caqui) 2

Hilo de bordar (ODORIYA) Ocre (17)

Pág. 7 **2** *Kaki-no hana*
(flor del caqui) 1

Hilo de bordar (ODORIYA) Bermellón (5)

Pág. 8 **4** *Kaki-no hana*
(flor del caqui) 3

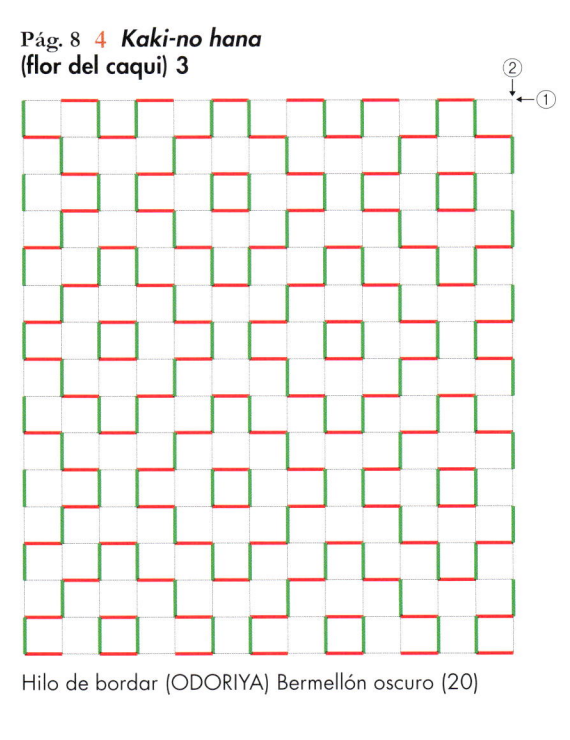

Hilo de bordar (ODORIYA) Bermellón oscuro (20)

Pág. 8 5 *Ju-no ki*
(árboles en forma de cruz)

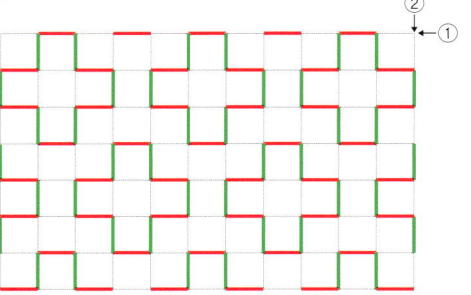

Hilo de bordar (DARUMA) hi o Sashiko fino Rojo (16)

Pág. 12 9 *Dan tsunagi*
(escalones enlazados)

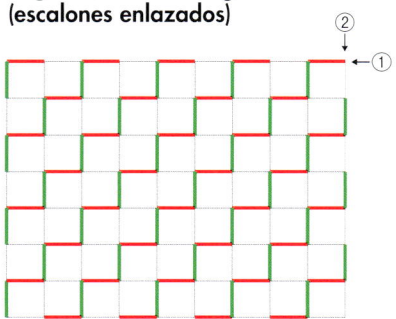

* Consulta la pág. 48 para ver las claves de su bordado.

Hilo de bordar (HOBBYRA HOBBYRE) Strawberry Red (126)

Pág. 8 6 *Ju-no ki-ni arare*
(granizo en los árboles en forma de cruz)

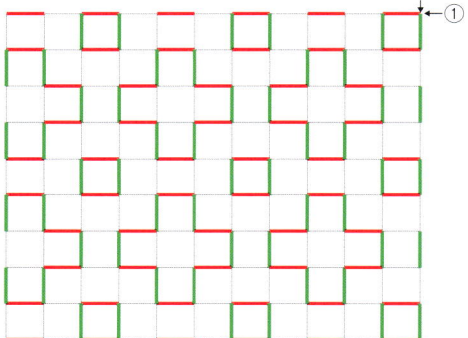

Hilo de bordar (ODORIYA) Verde bambú (8)

Pág. 13 10 *Yabane*
(plumas de flecha)

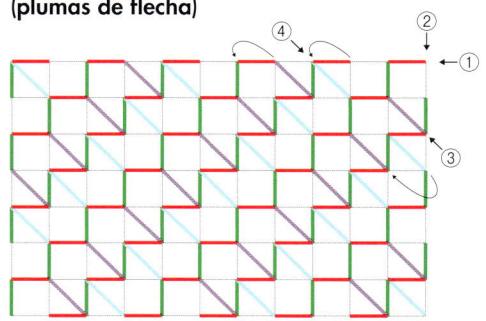

Hilo de bordar (DARUMA) hilo para el hogar fino
Gris plateado (36)

Págs. 10-11 7 · 8 *Kawari hana juji*
(variación de la cruz de flores)

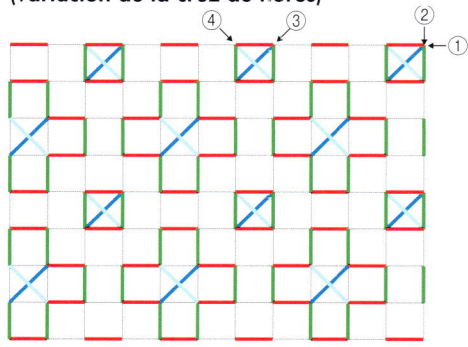

Hilo de bordar
 a) (DARUMA) hilo Sashiko fino Azul (27)
 b) (DARUMA) hilo para el hogar grueso Rojo

Págs. 13, 16, 18 11 · 15 (izq.) · 18
Shimashima moyo
(patrón a rayas)

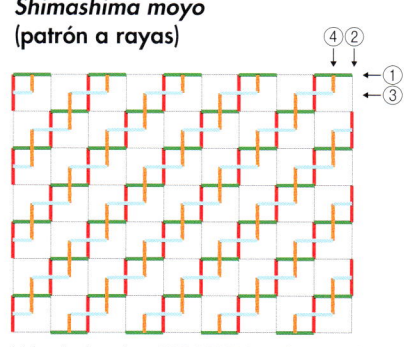

Hilo de bordar (HOBBYRA HOBBYRE)
Amarillo (115)

58

Pág. 13 **12** *Dan tsunagi*
(escalones enlazados variación)

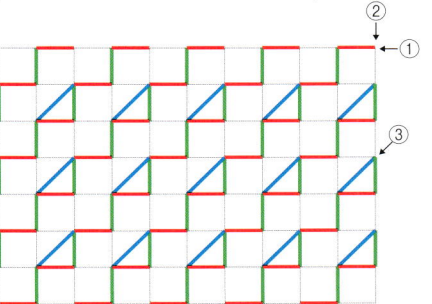

Hilo de bordar (DARUMA) hilo Sashiko fino Azul (27)

Pág. 16 **15 (centro)** *O-uchi moyo*
(patrón de casitas)

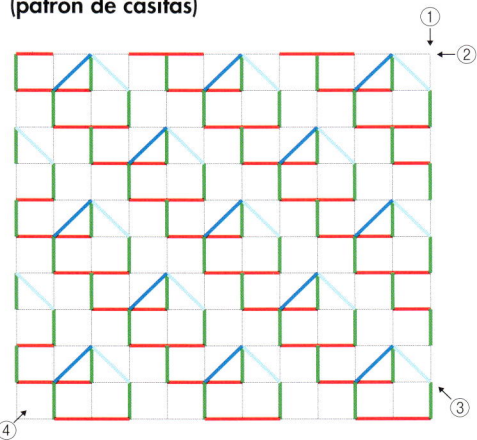

Pág. 14 **13** *Sankaku moyo*
(patrón de triángulos)

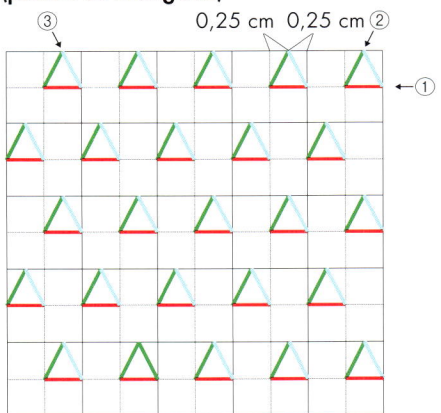

Pág. 16 **15 (derecha)** *Kurukuru moyo*
(patrón giratorio)

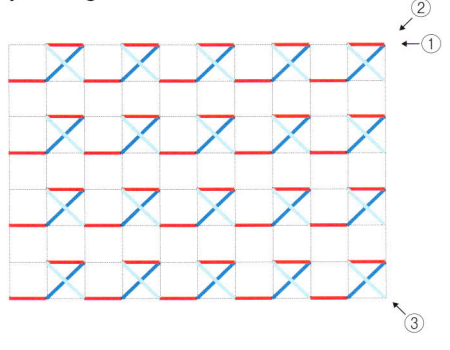

Pág. 15 **14** *Shikaku moyo*
(patrón de cuadrados)

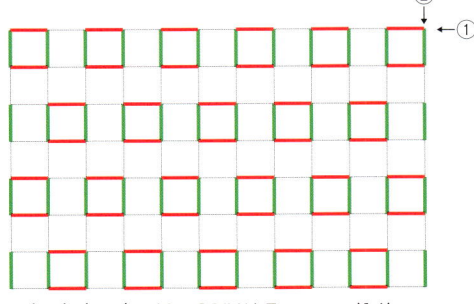

Hilo de bordar (ODORIYA) Turquesa (16)

Pág. 17 **16** *Lazos*

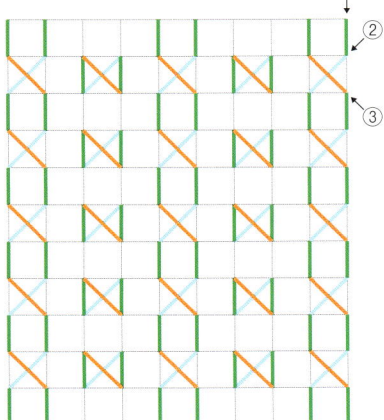

Hilo de bordar
 a) (DARUMA) hilo Sashiko fino Azul claro (26)
 b) (HOBBYRA HOBBYRE) Cherry Pink (116)

59

Pág. 19 **19** *Ohana moyo* (patrón de flores)

Págs. 21, 22-23 **22 · 24 (dcha.) · 25** *Zenigata zashi* (motivo de la moneda) variación 1

* Consulta *zenigata zashi*. Borda de ① a ④ y después de ⑤ a ⑥.

Hilo de bordar (DARUMA) hilo para el hogar fino Rojo

Pág. 20 **20** *Rokumonsen zashi* (motivo del emblema de las seis monedas)

Hilo de bordar (DARUMA) hilo Sashiko fino Naranja caqui (21)

Págs. 21, 22 **23 · 24 (izda.)** *Zenigata zashi* variación 2: motivo de la moneda

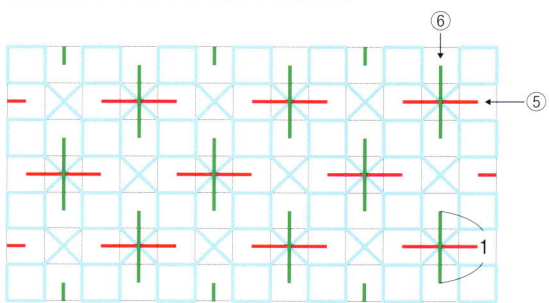

* Consulta *zenigata zashi*. Borda de ① a ④ y después de ⑤ a ⑥.

Hilo de bordar (DARUMA) hilo para el hogar grueso Plateado (52)

Págs. 20, 22 **21 · 24 (centro)** *Zenigata zashi*

Hilo de bordar (DARUMA) hilo para el hogar fino Esmeralda (40)

Págs. 21, 26-27 **26 (centro sup.) · 28 · 30 · 31** *Juji hana zashi* (motivo de flores en cruz)

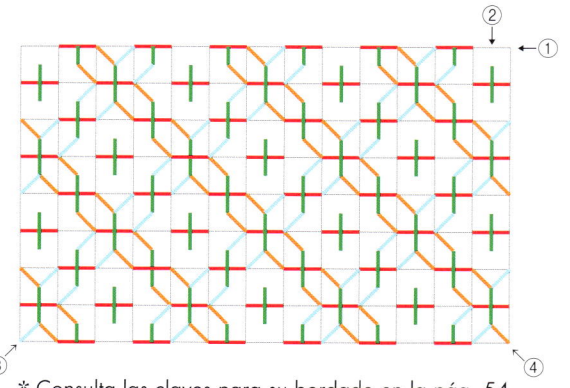

* Consulta las claves para su bordado en la pág. 54.

Hilo de bordar (DARUMA) hilo Sashiko fino Rosa flor de ciruelo (44)

Pág. 24 26 (centro inf.) *Juji hana zashi*
(motivo de flores en cruz) variación 1

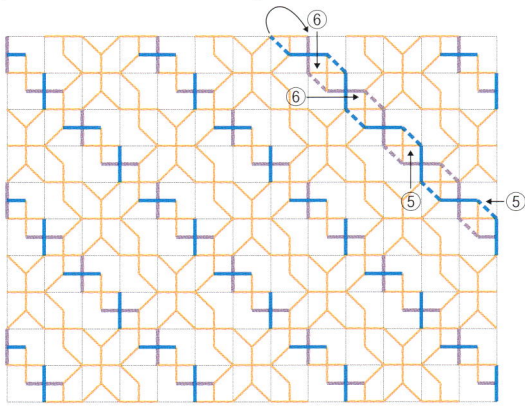

Consulta ① 28 *Juji hana zashi* y borda del paso ① a ④. Borda los pasos ② y ⑤ desde la parte inferior derecha a la parte superior izquierda siguiendo el orden: Vertical → Horizontal → Vertical → Horizontal. Continúa con los pasos ③ y ⑤ y borda ⑥ desde la parte superior izquierda hacia la parte inferior derecha siguiendo el orden: Vertical → Horizontal → Vertical → Horizontal.
✻ En la parte donde la línea es discontinua, pasa el hilo entre las dos piezas de tela.

Pág. 24 26 (dcha. inf.) *Juji hana zashi*
variación 2

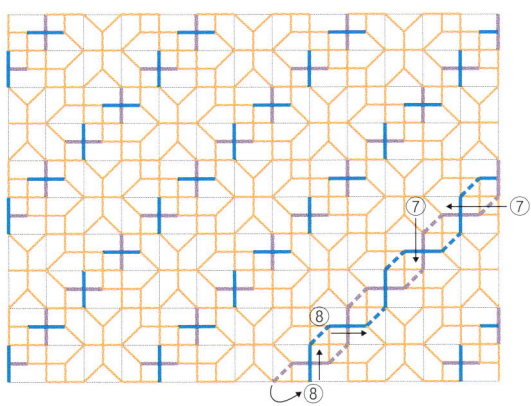

Consulta ① 26 *Juji hana zashi* variación 1 y borda del paso ① al ⑥. Borda los pasos ② y ⑦ desde la parte superior derecha a la parte inferior izquierda siguiendo el orden: Vertical → Horizontal → Vertical → Horizontal. Continúa con los pasos ③ y ⑦ y borda ⑧ desde la parte inferior izquierda hacia la parte superior derecha siguiendo el orden: Vertical → Horizontal → Vertical → Horizontal.
✻ En la parte donde la línea es discontinua, pasa el hilo entre las dos piezas de tela.

Págs. 24-25, 26 26 (izda.) · 27 · 29 *Juji hana zashi*
variación 3

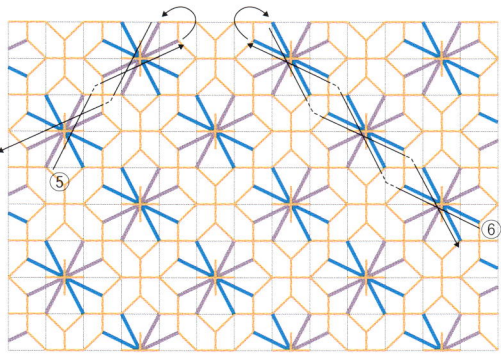

Consulta ① 28 *Juji hana zashi* y borda del paso ① al ④. Borda los pasos ②, ⑤ y ⑥ mientras pasas el hilo por las cruces.

Hilo de bordar (DARUMA) hilo para el hogar fino Malva azulado (29)

Págs. 28-29 32 · 33 *Asa-no ha* (hoja de cáñamo)

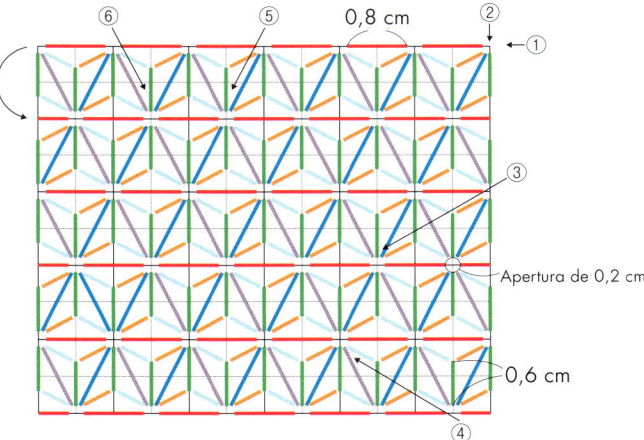

Hilo de bordar
a) (KINKAME) hilo fuerte 24/3 Rosa (96)
b) (DARUMA) hilo para el hogar fino Gris plateado (36)
c) (DARUMA) hilo para el hogar fino Morado uva (38)

Cómo bordar el marco exterior

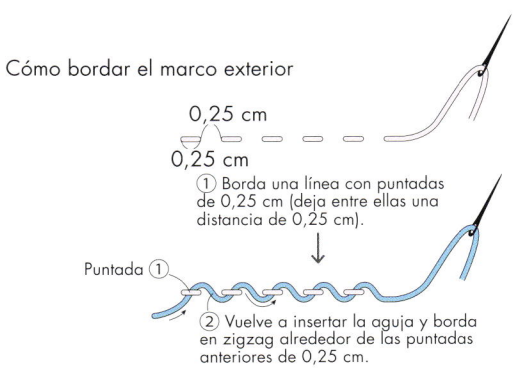

① Borda una línea con puntadas de 0,25 cm (deja entre ellas una distancia de 0,25 cm).

② Vuelve a insertar la aguja y borda en zigzag alrededor de las puntadas anteriores de 0,25 cm.

Pág. 30 34 *Kikko hana*
(motivo de flores en el caparazón de tortuga)

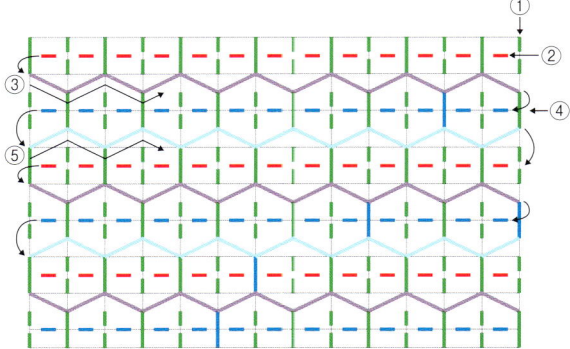

* Para ver las claves de su bordado, consulta la pág. 55.
* Consulta la pág. 61 para saber cómo bordar el marco exterior.
Hilo de bordar (DARUMA) hilo para el hogar fino
  a) Rojo
  b) Rosa flor de ciruelo (44)
  c) Violeta (39)
  d) Azul marino (30)
  e) Lapislázuli (31)
  f) (KINKAME) hilo fuerte 24/3 Azul oscuro (48)

Págs. 32-33 35 *Kikko zashi*
(motivo de caparazón de tortuga)
(Frente)

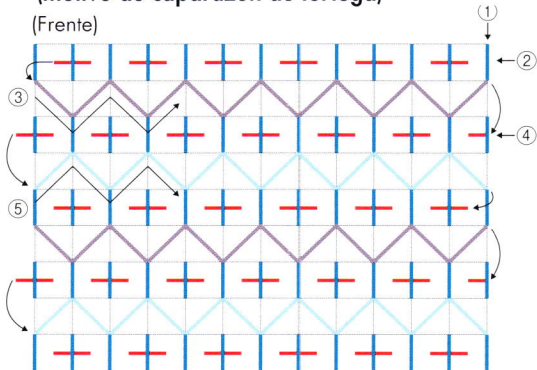

Repite del paso ② al ⑤.
* Consulta la pág. 55 para conocer las claves de este bordado.

Hilo de bordar (ODORIYA) Azul oscuro (2)

(Revés)

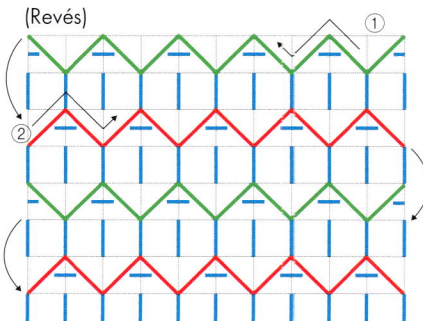

Después de bordar el frente, pasa el hilo por las puntadas del revés.

Págs. 32-33 36 *Zeni zashi*
(Frente)

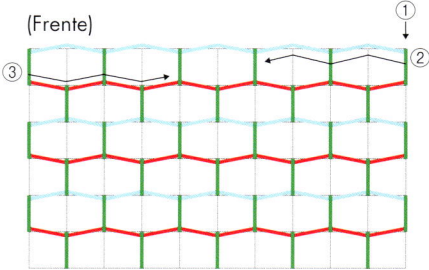

Repite los pasos ② y ③.

Hilo de bordar (DARUMA) hilo Sashiko fino Rojo arrebol (7)

(Revés)

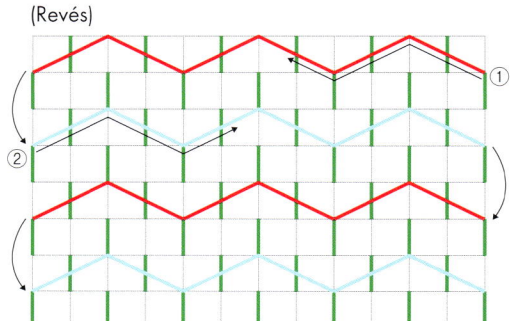

Después de bordar el frente, pasa el hilo por las puntadas del revés.

Págs. 32-33 37 **Variación de *zeni zashi***

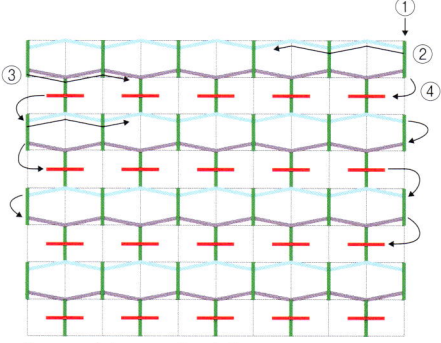

Repite del paso ② al ④.

Hilo de bordar (DARUMA) hilo Sashiko fino madeja en cartón Violeta (210)

Pág. 32 **38** *Kuguri zashi*
(motivo de puntadas entretejidas)

Pasa ② por las puntadas verticales, continúa atravesando ③ y después borda ④ en las intersecciones (donde se cruzan ② y ③). Repite del paso ② al ④.

Hilo de bordar (DARUMA) hilo Sashiko fino Rojo arrebol (7)

Págs. 36, 38-39 **41 (centro) 43-46** *Hana zashi*
(motivo de flores)

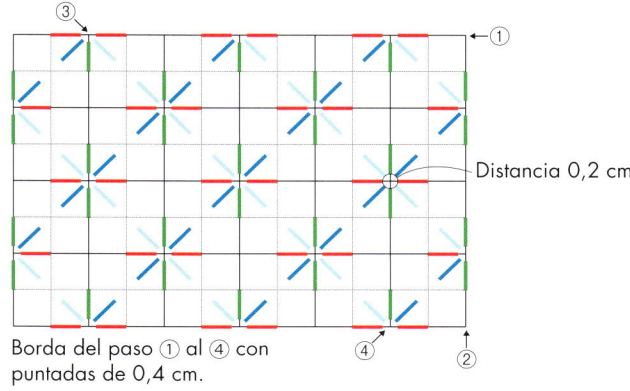

Borda del paso ① al ④ con puntadas de 0,4 cm.

Hilo de bordar de 43 (DARUMA) hilo Sashiko fino Ciruela (7)

Pág. 34 **39** *Koushi* (cuadrícula)

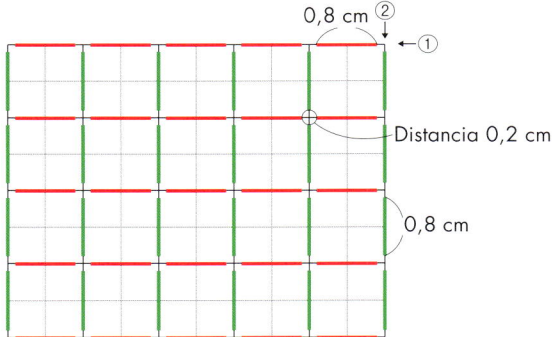

Hilo de bordar (HIDA) Sashiko Azul claro (17)

Págs. 36, 38 **41 (izq.) 44** *Hana zashi*
(motivo de flores) variación 1

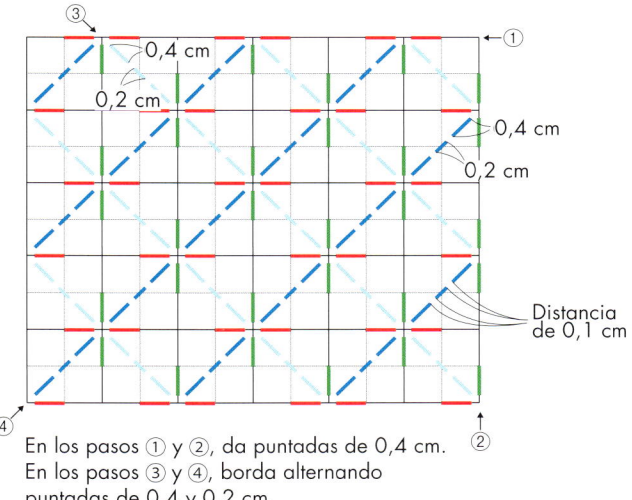

En los pasos ① y ②, da puntadas de 0,4 cm.
En los pasos ③ y ④, borda alternando puntadas de 0,4 y 0,2 cm.

Hilo de bordar de 44 (DARUMA) hilo Sashiko fino Naranja caqui (21)

Pág. 35 **40** *Hana zashi*
(motivo de flores)

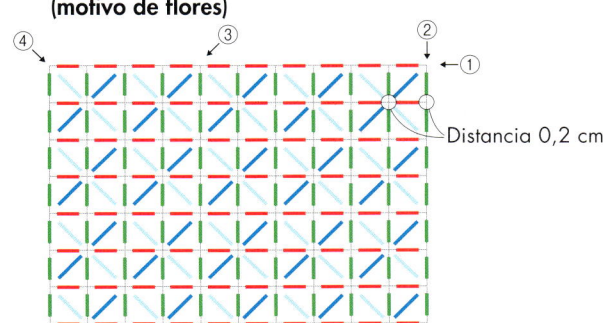

Traza en la tela una cuadrícula con líneas guía de 0,5 cm.
Borda con puntadas de 0,3 cm en ② y ① de 0,5 cm en ③ y ④.

Hilo de bordar (DARUMA) hilo para el hogar fino Violeta (39)

Pág. 36 41 (dcha.) **Hana zashi**
(motivo de flores) variación 2

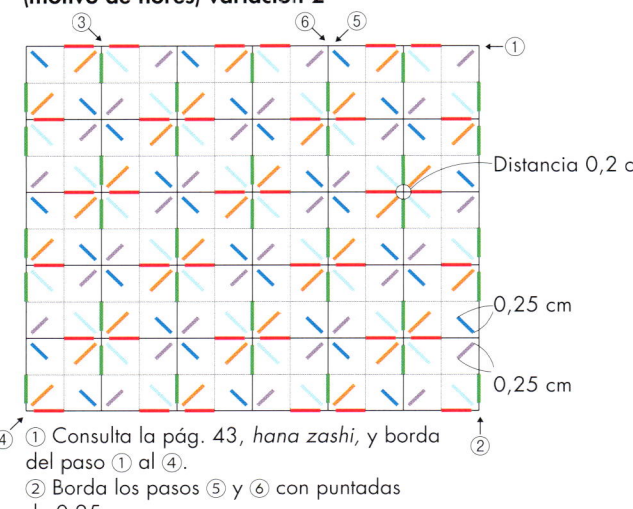

Distancia 0,2 cm

0,25 cm

0,25 cm

① Consulta la pág. 43, *hana zashi*, y borda del paso ① al ④.
② Borda los pasos ⑤ y ⑥ con puntadas de 0,25 cm.

Pág. 38 45 **Hana zashi (motivo de flores) variación 3**

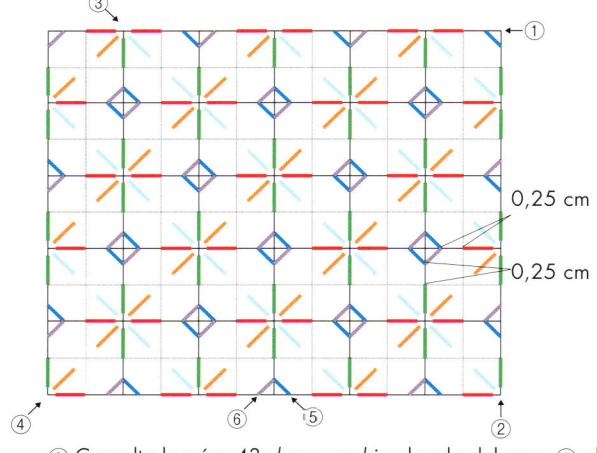

0,25 cm

0,25 cm

① Consulta la pág. 43, *hana zashi*, y borda del paso ① al ④.
② Borda los pasos ⑤ y ⑥.

Hilo de bordar (HOBBYRA HOBBYRE) Rosa oscuro (111)

Págs. 18, 37 17 · 42 (izda.)
Kome zashi
(motivo de arroz) 1

Pág. 37 **Kome zashi**
(motivo de arroz) 2

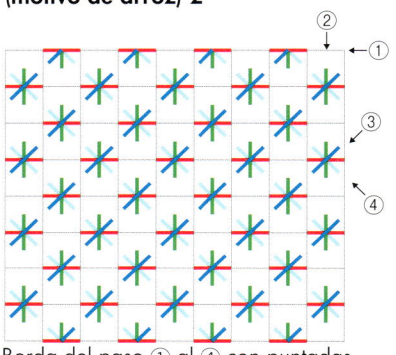

Borda del paso ① al ④ con puntadas de 0,5 cm.

Pág. 37 42 (dcha.) **Kome zashi**
(motivo de arroz) 3

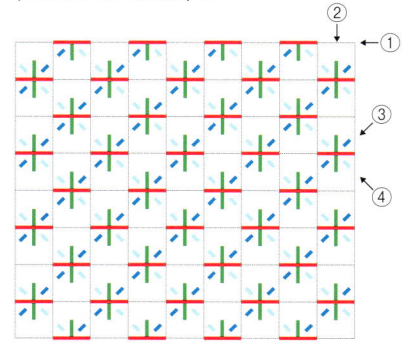

Borda en los pasos ① y ② con puntadas de 0,5 cm y en ③ y ④, de 0,15 cm.

Págs. 40-41 47·48 **Kobana moyo**
(patrón de pequeñas flores)

Pág. 42 49 **Sasa zashi**
(motivo de bambú)

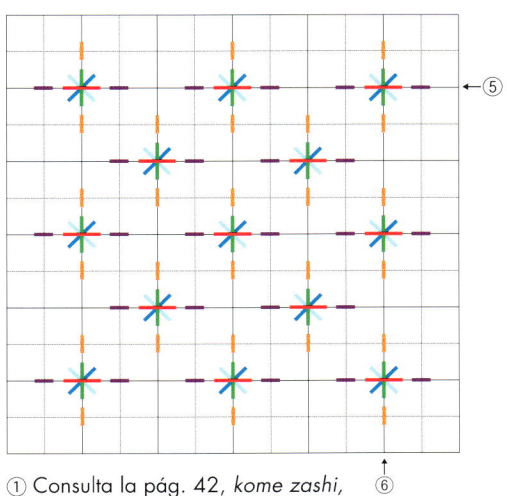

① Consulta la pág. 42, *kome zashi*,
2 y borda del paso ① al ④.
② Borda los pasos ⑤ y ⑥ con
puntadas de 0,2 cm.

Alinea la altura.
Deja una pequeña abertura.

Hilo de bordar (DARUMA) hilo Sashiko fino
Verde (5)

Pág. 16 15 **Muestras de patrones originales**

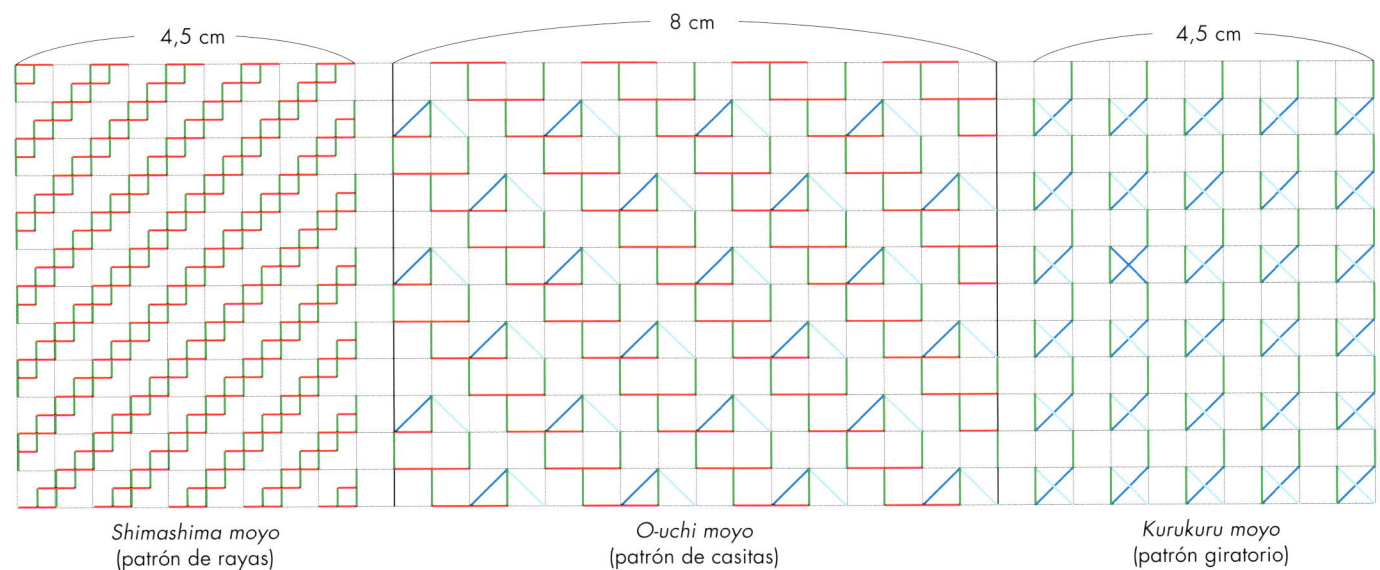

Shimashima moyo
(patrón de rayas)

O-uchi moyo
(patrón de casitas)

Kurukuru moyo
(patrón giratorio)

① Dibuja una línea 0,2 cm por fuera de la línea guía
y borda el marco exterior.
② Consulta las págs. 58 y 59 y borda cada patrón.

Hilo de bordar (HOBBYRA HOBBYRE) Rosa oscuro (111)

Pág. 22 24 **Muestra de *zenigata zashi* (motivo de la moneda)**

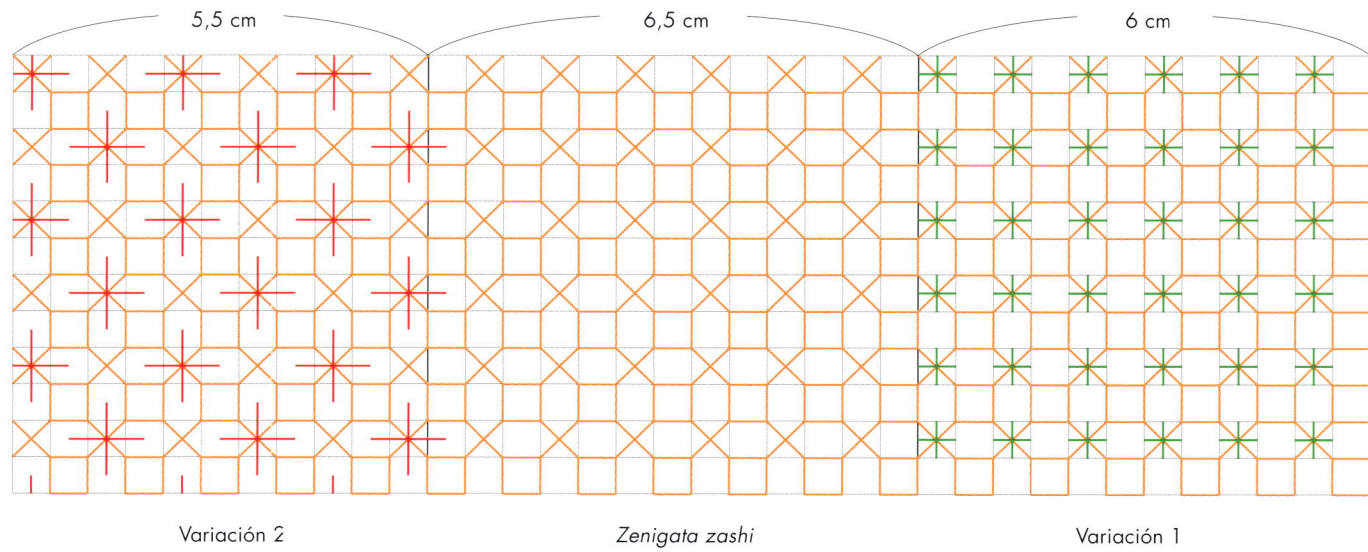

Consulta la pág. 60 y borda todo el patrón de *zenigata zashi*.
Después haz las variaciones.

Hilo de bordar (DARUMA) hilo para el hogar grueso Azul asagi (53)
Hilo de bordar (HOBBYRA HOBBYRE) Rosa oscuro (111)

Pág. 36 41 **Muestra de *hana zashi* (motivo de la moneda)**

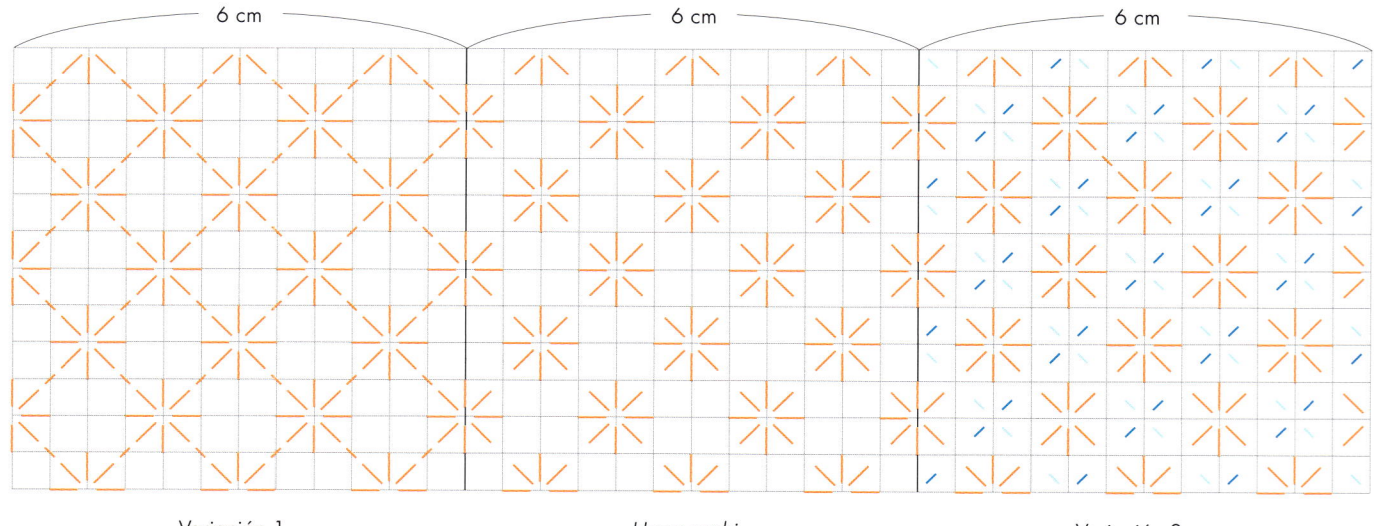

① Consulta las págs. 63 y 64, borda todo el patrón de *hana zashi*. Borda añadiendo la variación 1.
② Para terminar, borda las cruces de la variación 2.

Hilo de bordar (DARUMA) hilo Sashiko fino Ciruela (23)

Pág. 24 26 **Muestra de *juji hana zashi* (motivo de flores en cruz)**

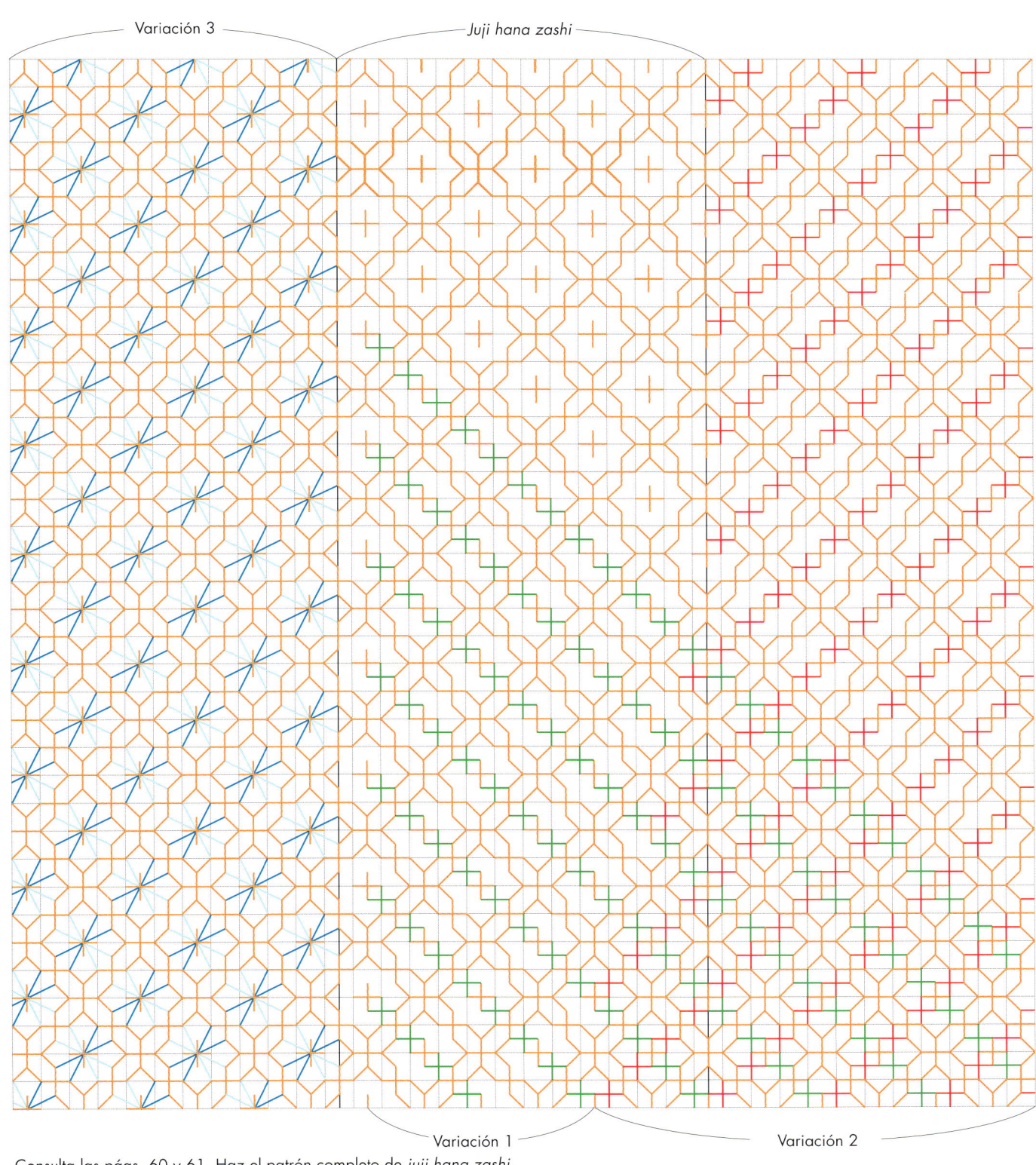

Consulta las págs. 60 y 61. Haz el patrón completo de *juji hana zashi*.
Después borda las variaciones 3 → 1 → 2.

Hilo de bordar (DARUMA) hilo para el hogar fino Lapislázuli (31)

Pág. 37 42 **Muestra de *kome zashi* (motivo de arroz)**

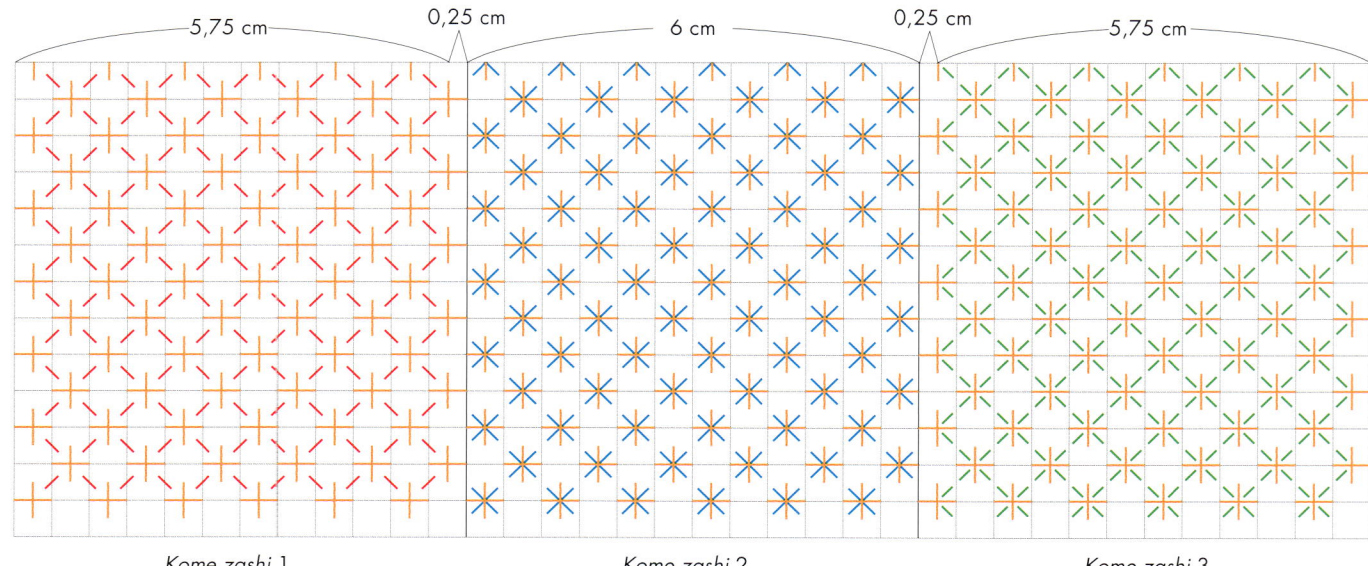

Kome zashi 1   *Kome zashi* 2   *Kome zashi* 3

Consulta la pág. 64 y, después de bordar todas las cruces, completa cada patrón.

Hilo de bordar (DARUMA) hilo Sashiko fino madeja en cartón Esmeralda (207)

Pág. 14 13 **Minimanteles de *sankaku moyo* (patrón de triángulos)**   Diseño de la pág. 59

material (1 punto)

La tela delantera (de algodón blanqueado) 30 × 35 cm, la tela trasera [doble gasa: a) Azul claro, b) Gris] 30 × 20 cm
  a) (HOBBYRA HOBBYRE) hilo Sashiko Azul oscuro (113)
  b) (DARUMA) hilo Sashiko fino madeja en cartón Blanco plateado (217)

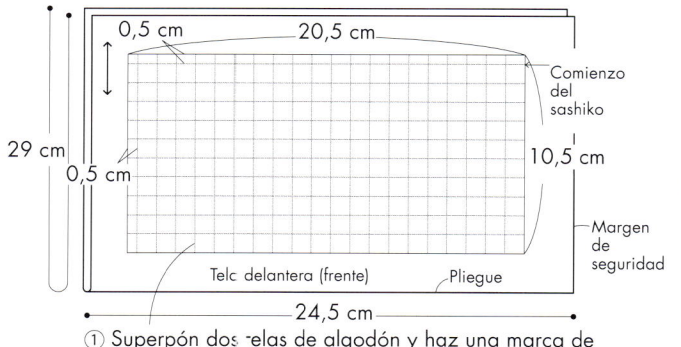

① Superpón dos telas de algodón y haz una marca de 20,5 × 10,5 cm. Con estas dimensiones, traza una cuadrícula con líneas guía de 1 cm y comienza el sashiko.

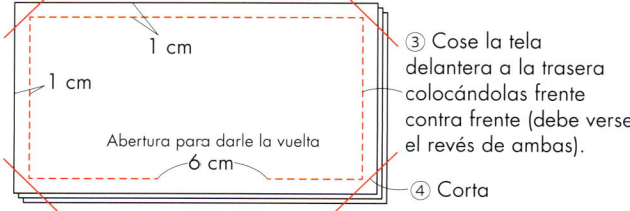

③ Cose la tela delantera a la trasera colocándolas frente contra frente (debe verse el revés de ambas).

④ Corta

② Delinea el revés de 20 × 10 cm para separar la zona del sashiko que has bordado. Añade un margen de costura y corta.

* Corta la tela trasera del mismo tamaño (si te gusta el efecto de las telas, puedes poner dos o tres).

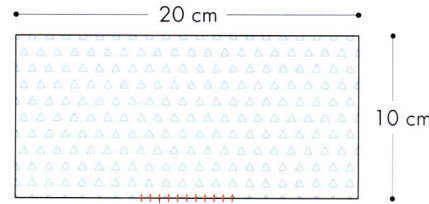

⑤ Da la vuelta al tejido por la abertura para volver a ponerlo de frente, y cierra la abertura cosiéndola con la técnica de unión en U.

Pág. 11 **8 Alfiletero de *kawari hana juji*
(variación de la cruz de flores)**

Diseño de la pág. 58

material (1 punto)
Tela delantera [lino de color a) Beis, b) Ever green, c) Verde menta]. Tela trasera (lino de algodón beis), cada una de 20 × 20 cm. Relleno de fieltro de algodón adhesivo 15 × 15 cm (ODORIYA) hilo Sashiko
   a) Verde uguisu (15)
   b-c) Crudo-Hilo fino
   d) Verde bambú (8)

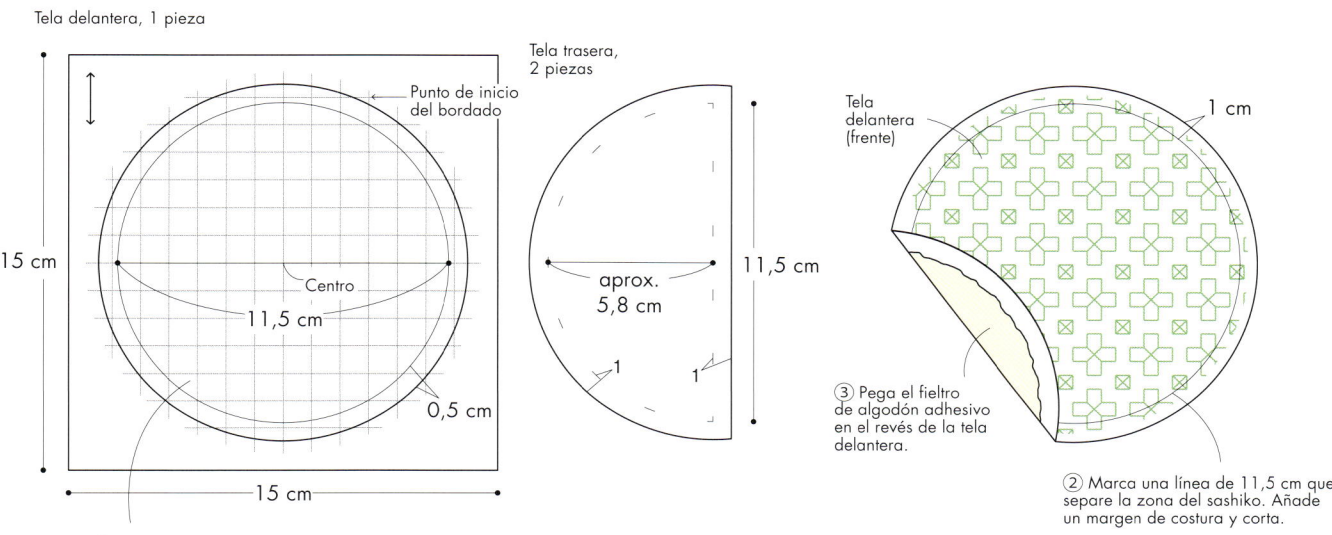

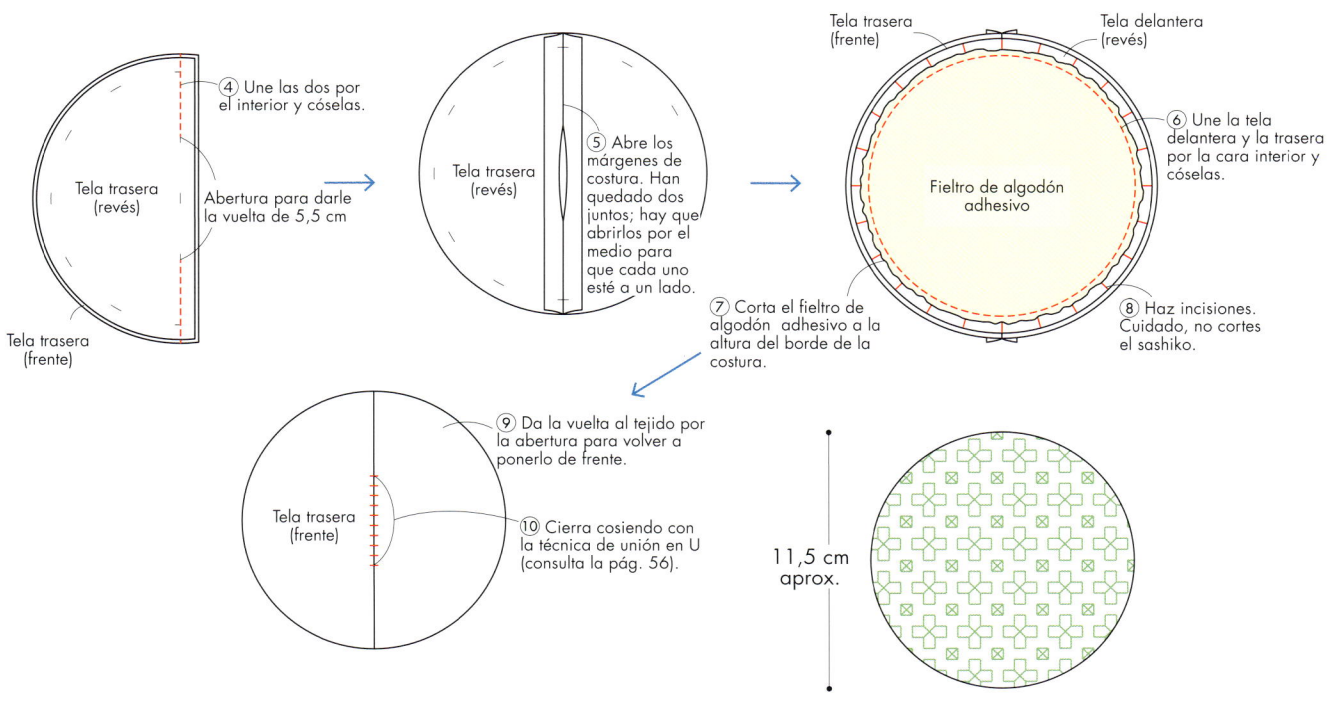

Pág. 18 **18 Neceser con *shimashima moyo***   Diseño de la pág. 58

material

Tela delantera (lino blanco) 25 × 35 cm, tela trasera (lino de algodón Rojo), entretela fina termoadhesiva 25 × 30 cm, (ODORIYA) hilo Sashiko Rojo 2 (24), cremallera de 14 cm, correa de piel de 0,4 cm de ancho y 13 cm de largo.

Pág. 27 **30 Bolsita tradicional japonesa con *juji hana zashi* (bordado de flores en cruz)**   Diseño de la pág. 60

material

Tela delantera (algodón color Índigo de la zona de Hiroshima llamada *bingogasuri*) 25 × 30, tela trasera (lino Gris), entretela fina termoadhesiva 20 × 25 cm, (ODORIYA) hilo crudo fino, cremallera de 12 cm, correa de piel de 0,4 cm de ancho y 13 cm de largo.

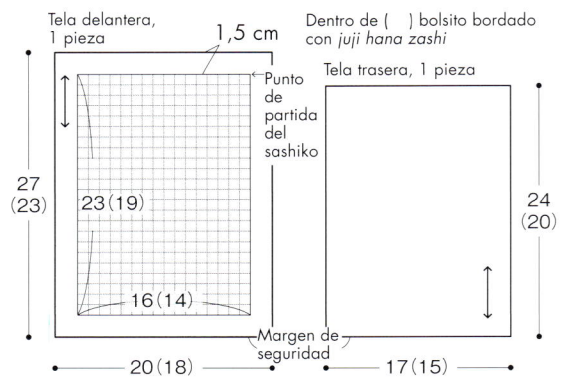

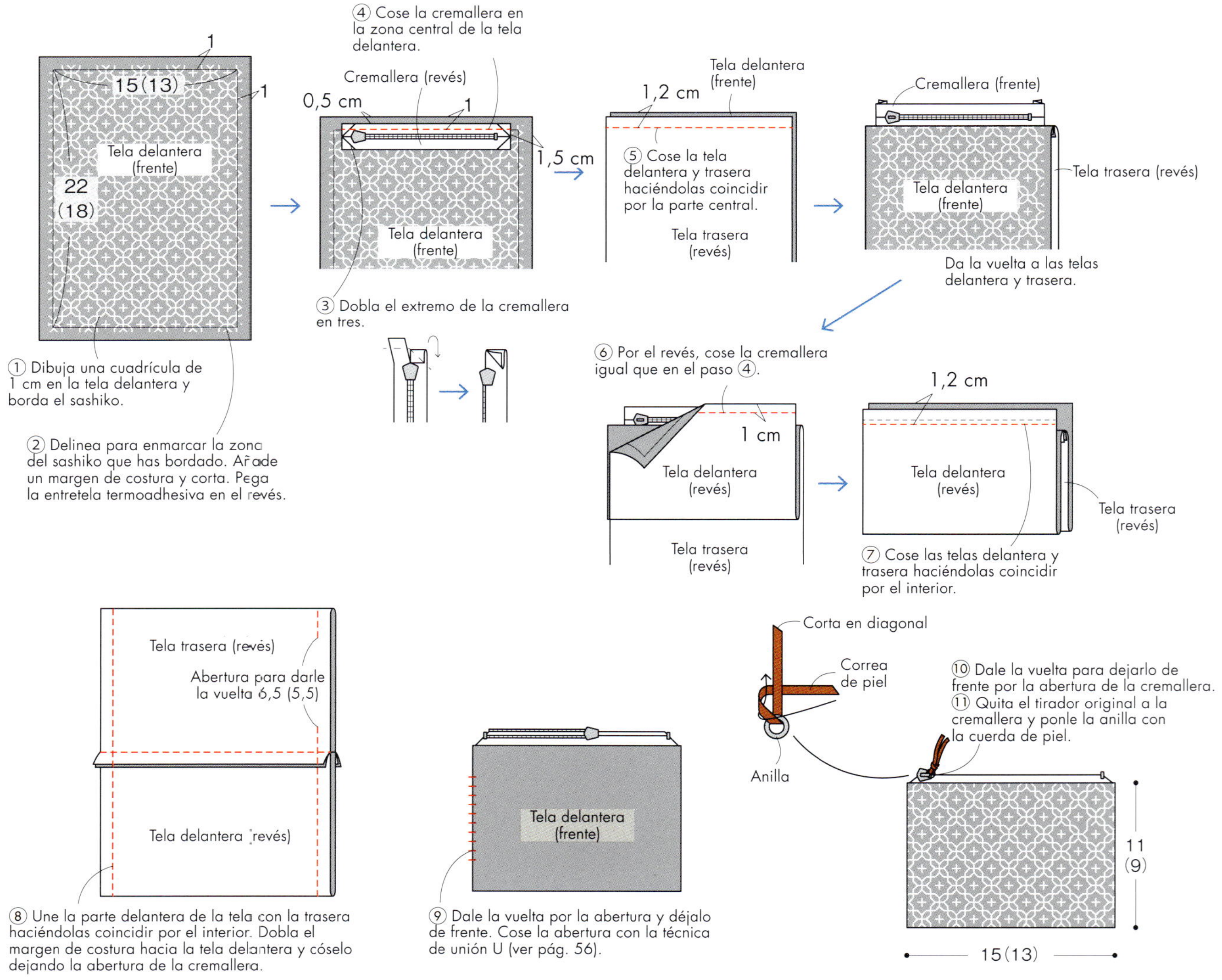

Pág. 19 19 Bolsito tradicional japonés con *ohana moyo* (patrón de flores)

Diseño de la pág. 60

material
Tela delantera (lino blanco) 50 × 25 cm, tela trasera (lino de algodón rojo) 25 × 50, entretela fina termoadhesiva 45 × 25 cm, (OLYMPUS) hilo Sashiko Rojo (15), Verde (7), diámetro 0,2 cm, cordón de algodón encerado (marrón oscuro) 1,2 m.

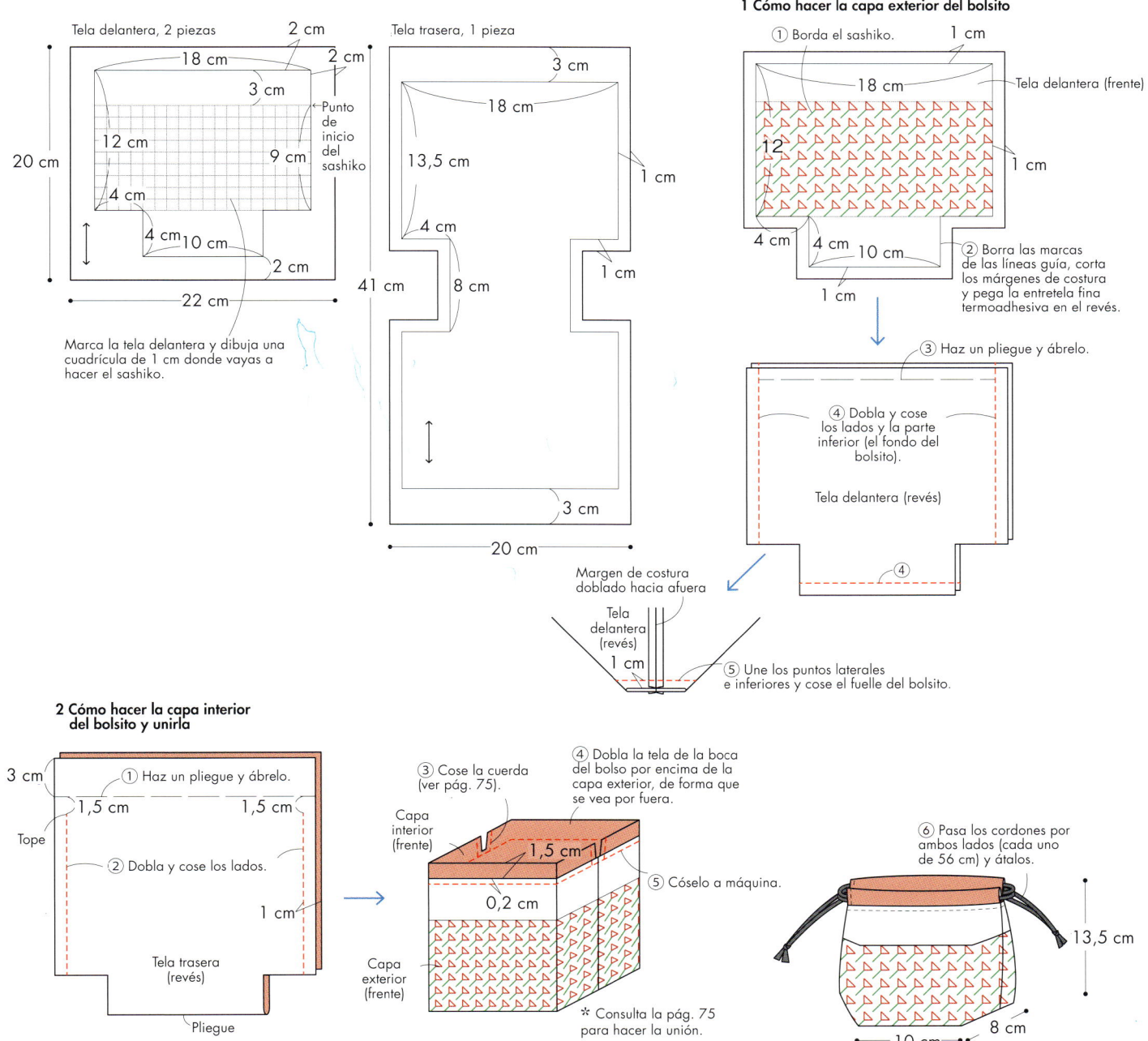

Pág. 23 25 **Monedero de *zenigata zashi* (motivo de la moneda)**

Diseño de la pág. 60

material

a
Tela delantera (lino Menta) 25 × 35 cm, tela trasera (lino de algodón Crudo), entretela fina termoadhesiva 25 × 35 cm, un juego de corchetes de 10 mm de diámetro (Blanco).

b
Tela delantera (lino verde) 30 × 40 cm, tela trasera (lino de algodón Crudo), entretela fina termoadhesiva 25 × 40 cm, un juego de corchetes 13 mm de diámetro (Blanco).

Hilo Sashiko fino sin blanquear (ODORIYA)

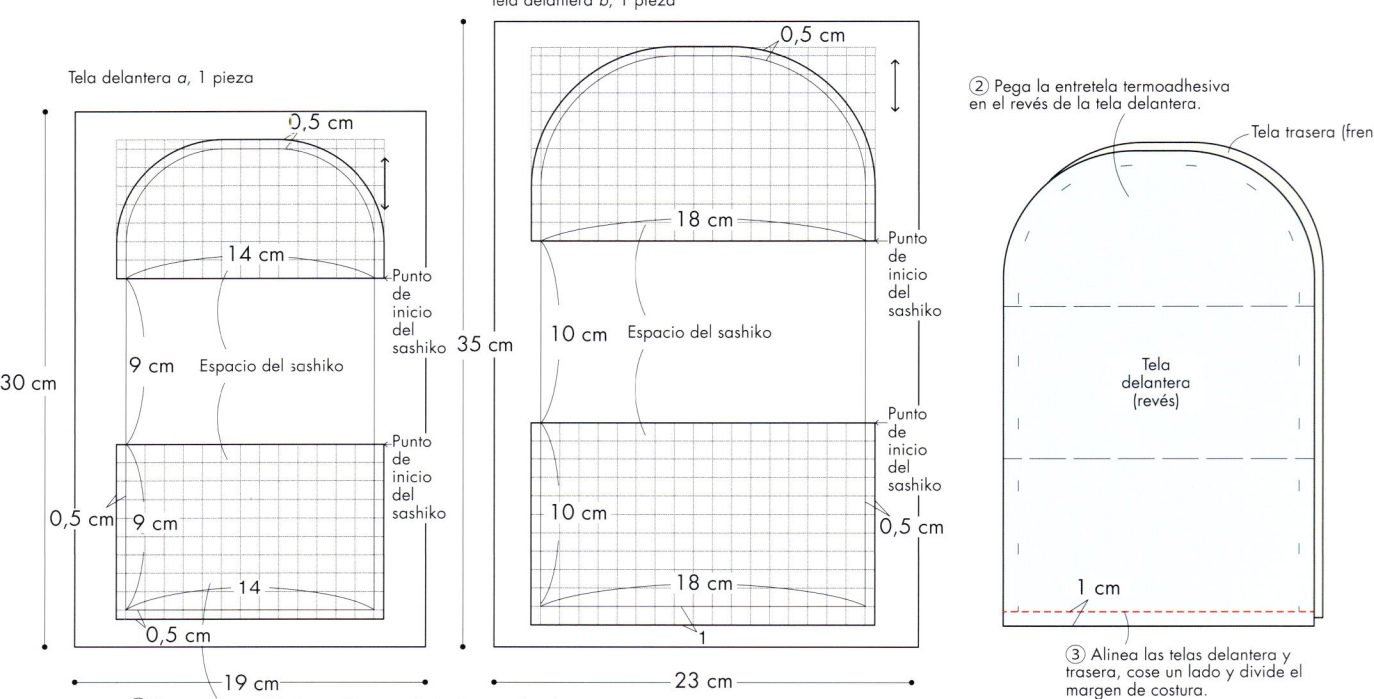

① Traza una cuadrícula con líneas guía de 1 cm en la tela delantera y borda el sashiko. Borra las marcas de las líneas guía, haz los márgenes de costura de 1 cm y córtalos.
✻ Mismo tamaño que la tela trasera

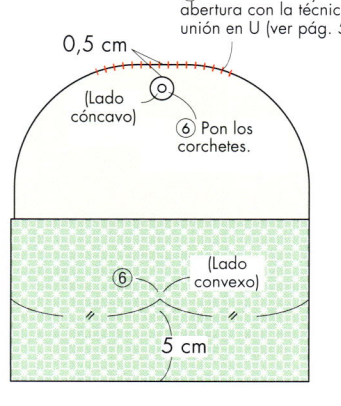

④ Dobla como muestra la imagen y cose alrededor de la abertura (dejando esta libre).

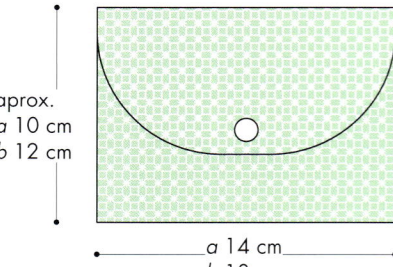

25 Monedero de *zenigata zashi* (motivo de la moneda)
Plantilla a tamaño real

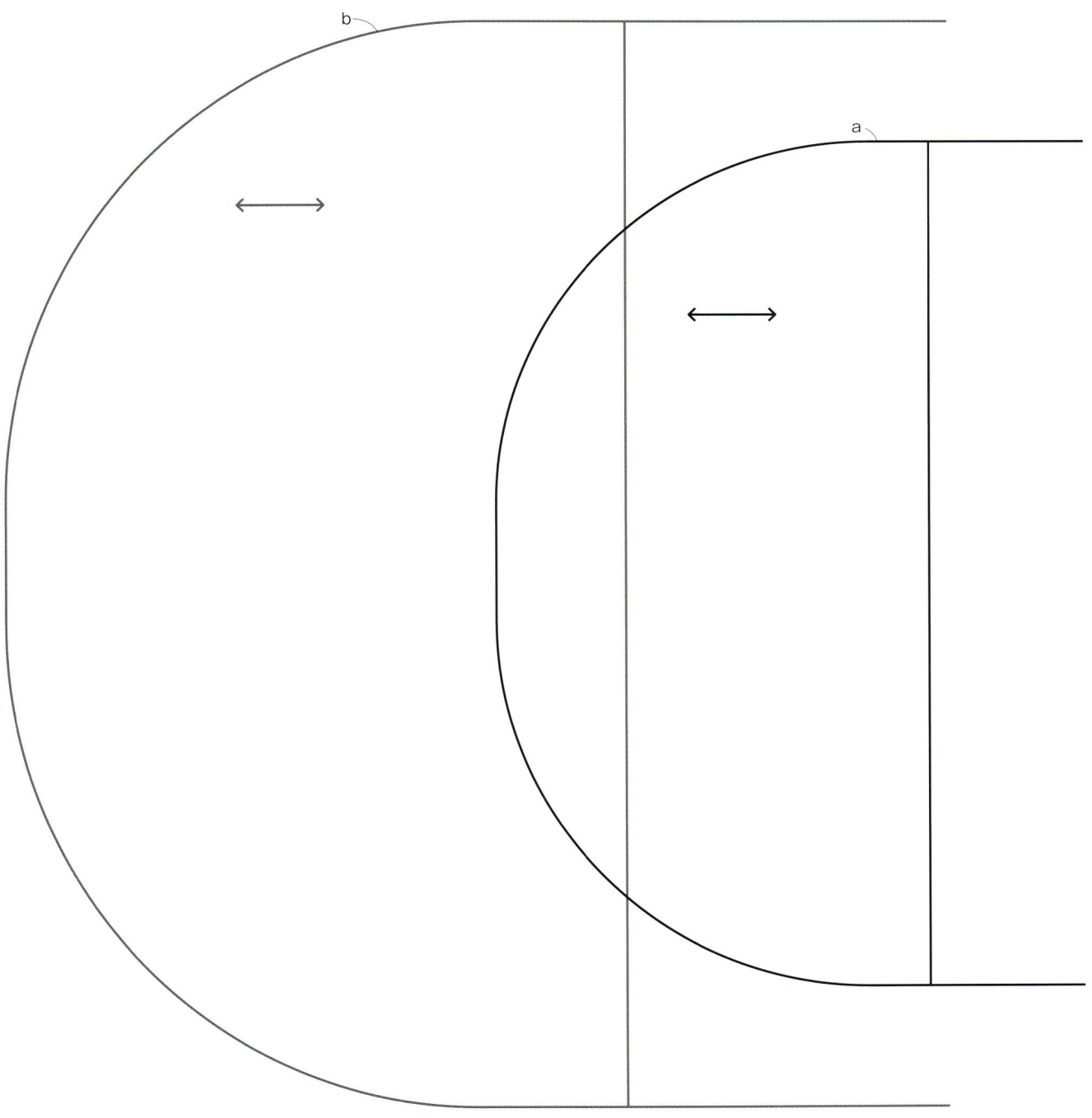

Pág. 25 27 Alfiletero de *juji hana zashi* (motivo de flores en cruz)

Diseño de la pág. 61

material (1 punto)

a Lino Blanco, b tela de algodón Kasuri color Índigo 15 × 15 cm, (DARUMA) hilo para el hogar fino a) Rojo b) Blanco roto, un bol de madera de un diámetro de 4,5 cm, algodón de lana para el relleno.

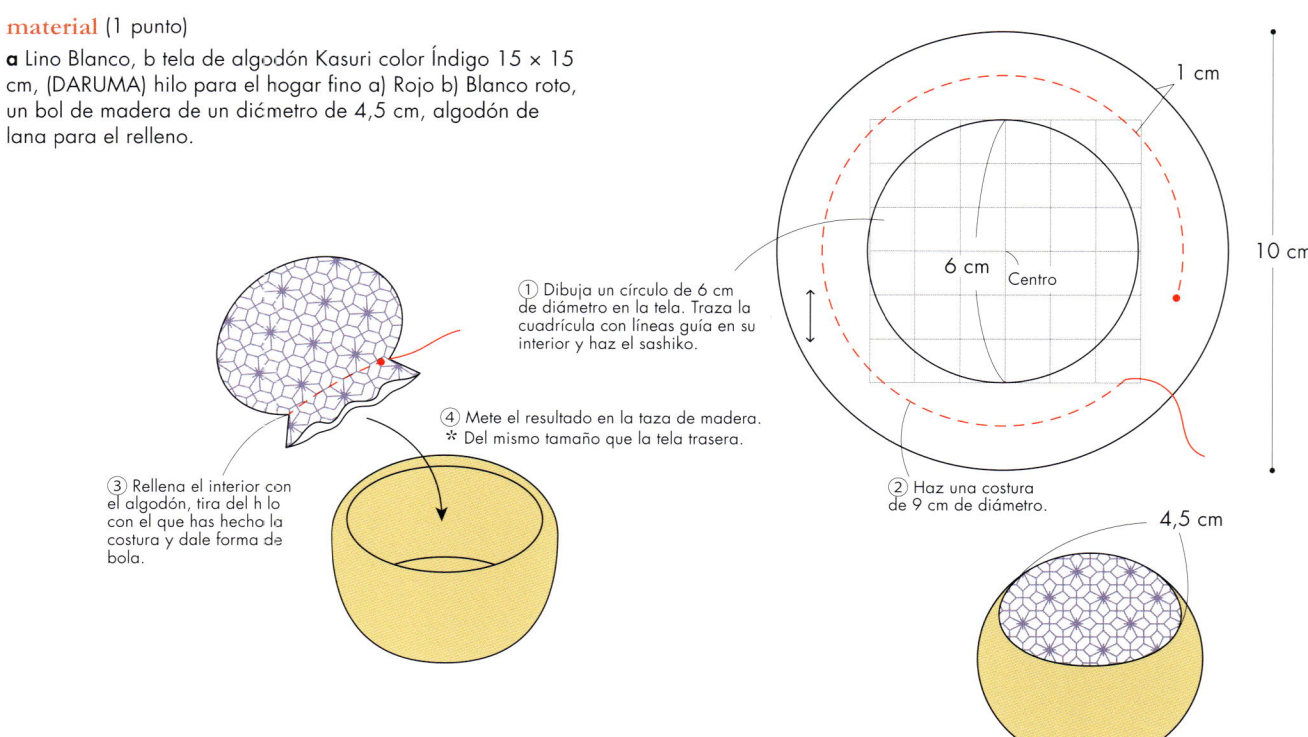

1 cm
10 cm
6 cm
Centro
① Dibuja un círculo de 6 cm de diámetro en la tela. Traza la cuadrícula con líneas guía en su interior y haz el sashiko.
② Haz una costura de 9 cm de diámetro.

④ Mete el resultado en la taza de madera.
* Del mismo tamaño que la tela trasera.
③ Rellena el interior con el algodón, tira del hilo con el que has hecho la costura y dale forma de bola.

4,5 cm

Pág. 29 33 Cojín alfiletero con *asa-no ha* (hoja de cáñamo)

Diseño de la pág. 61

material (1 punto)

Tela delantera (lino Blanco)
a-b) 20 × 20 cm c) 20 × 15 cm
Tela trasera (cualquiera que te guste)
a-b) 15 × 15 cm, c) 20 × 15 cm
(DARUMA) hilo para el hogar fino
- a) Violeta (39)
- b) Esmeralda (40)
- c) Camel (18)

Algodón para el relleno

a・b Tela delantera, 1 pieza
Espacio del sashiko
Punto de inicio del sashiko
12 cm
8 cm
8 cm
12 cm
c Tela delantera, 1 pieza
Espacio del sashiko
Punto de inicio del sashiko
10 cm
6 cm
10 cm
14 cm

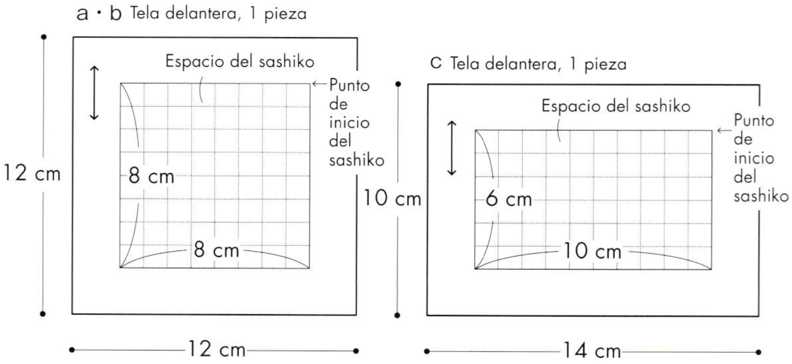

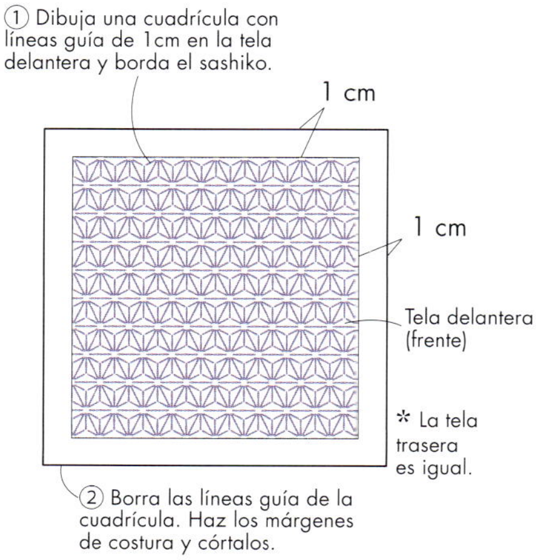

① Dibuja una cuadrícula con líneas guía de 1cm en la tela delantera y borda el sashiko.
1 cm
1 cm
Tela delantera (frente)
* La tela trasera es igual.
② Borra las líneas guía de la cuadrícula. Haz los márgenes de costura y córtalos.

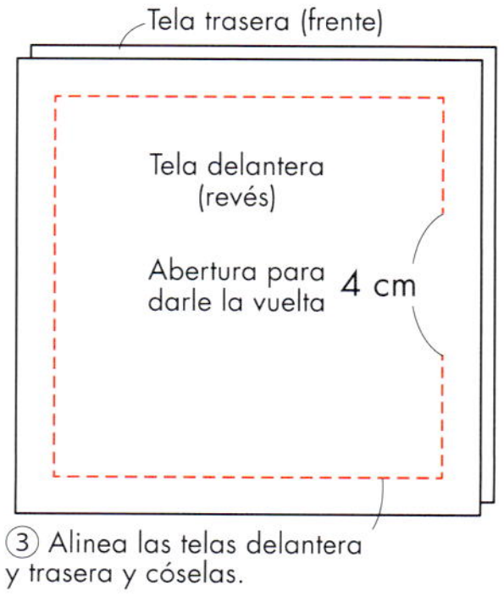

Tela trasera (frente)
Tela delantera (revés)
Abertura para darle la vuelta
4 cm
③ Alinea las telas delantera y trasera y cóselas.

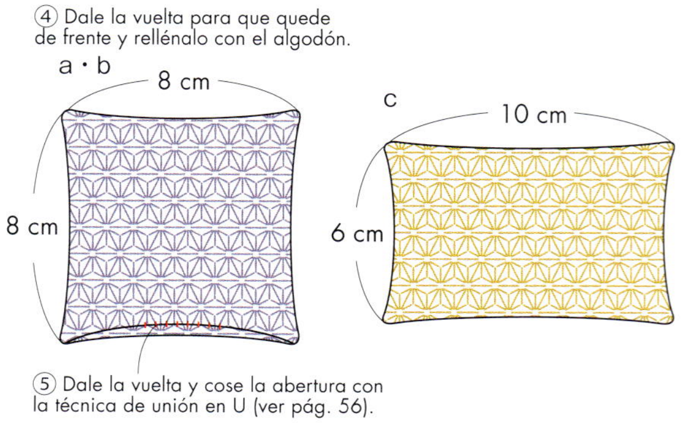

④ Dale la vuelta para que quede de frente y rellénalo con el algodón.
a・b
8 cm
8 cm
c
10 cm
6 cm
⑤ Dale la vuelta y cose la abertura con la técnica de unión en U (ver pág. 56).

Pág. 27 31 Bolsito tradicional japonés con *juji hana zashi* (bordado de flores en cruz) Diseño de la pág. 60

material
Tela delantera (algodón Kasuri color Índigo) 25 × 45 cm, tela trasera (Azumi en color Crudo de algodón salvaje) 25 × 50cm, (ODORIYA) hilo Sashiko fino, cordón de algodón encerado Blanco de un diámetro de 0,2 cm y 1 m de largo

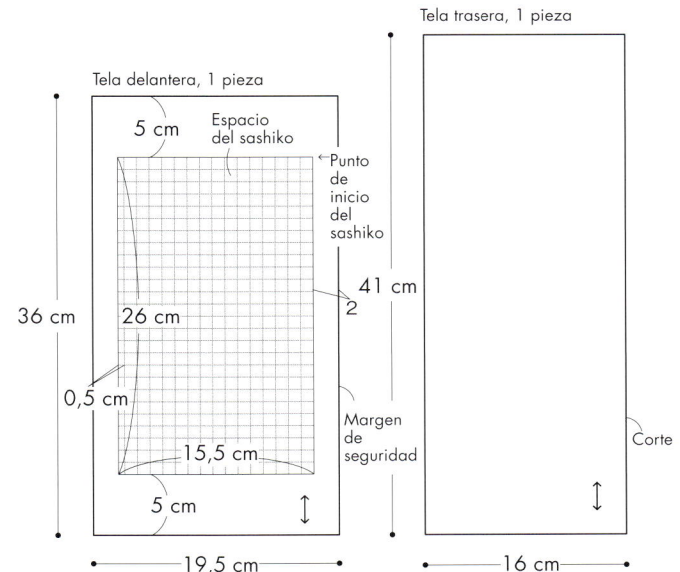

1 Cómo hacer la capa exterior del bolsito

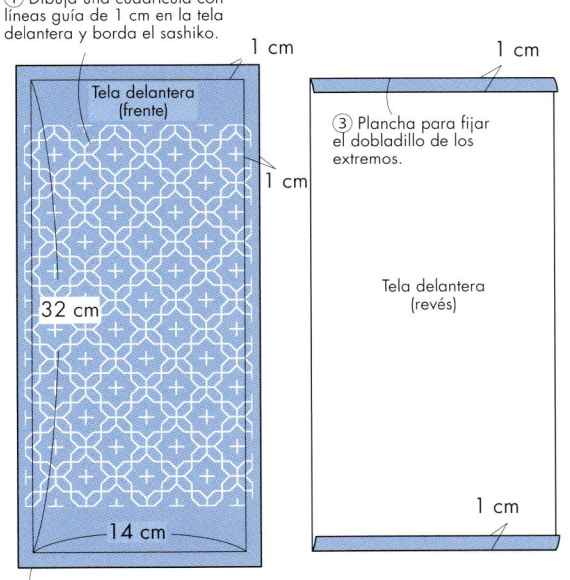

① Dibuja una cuadrícula con líneas guía de 1 cm en la tela delantera y borda el sashiko.

③ Plancha para fijar el dobladillo de los extremos.

② Borra las marcas de las líneas guía, corta los márgenes de costura y pega la entretela termoadhesiva en el revés.
✽ Cuadra las aberturas superior e inferior para que el sashiko quede centrado.

2 Cómo hacer la capa interior del bolsito

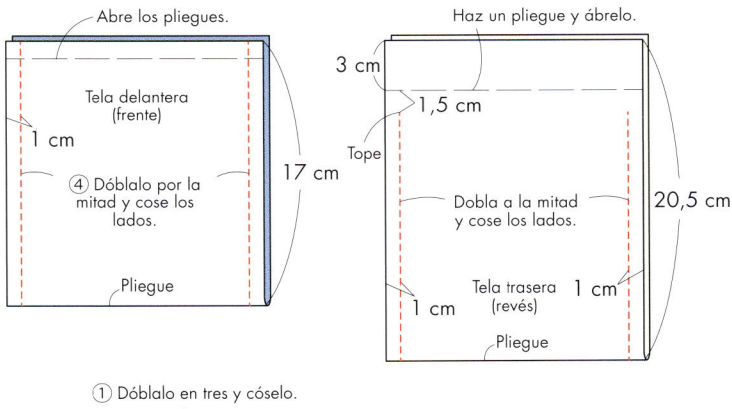

④ Dóblalo por la mitad y cose los lados.

3 Unirlo

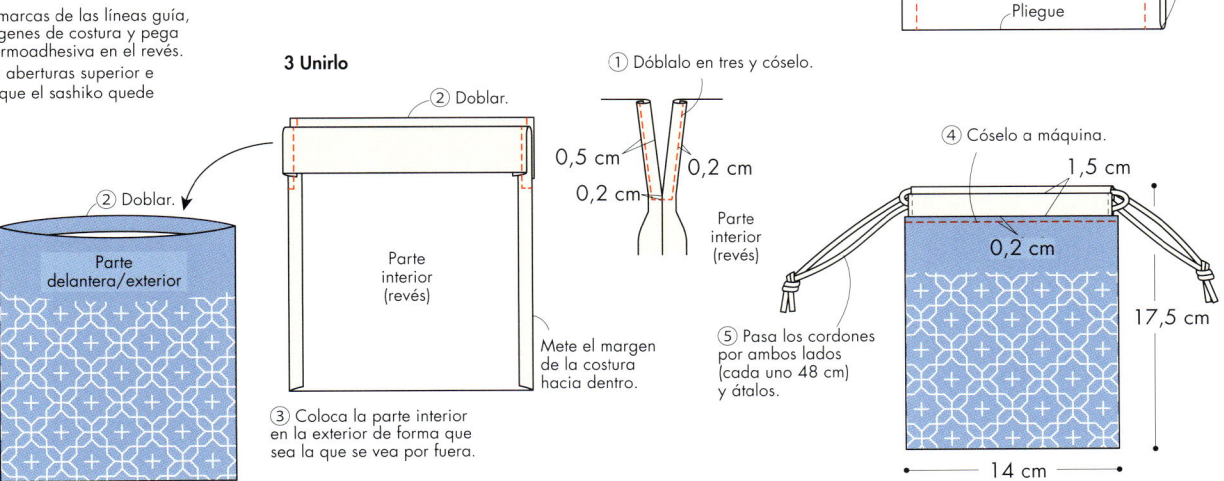

② Doblar.

③ Coloca la parte interior en la exterior de forma que sea la que se vea por fuera.

① Dóblalo en tres y cóselo.

④ Cóselo a máquina.

⑤ Pasa los cordones por ambos lados (cada uno 48 cm) y átalos.

Pág. 39 **46 Minibolso con *hana zashi* (motivo floral)** Diseño de la pág. 63

material
Tela delantera, parte del frente (lino en Blanco crudo) 30 × 30 cm, tela delantera, parte de atrás, asas (lino a rayas) 40 × 35 cm, tela trasera (lino de algodón Gris) 30 × 45, (ODORIYA) hilo Sashiko gris (21).

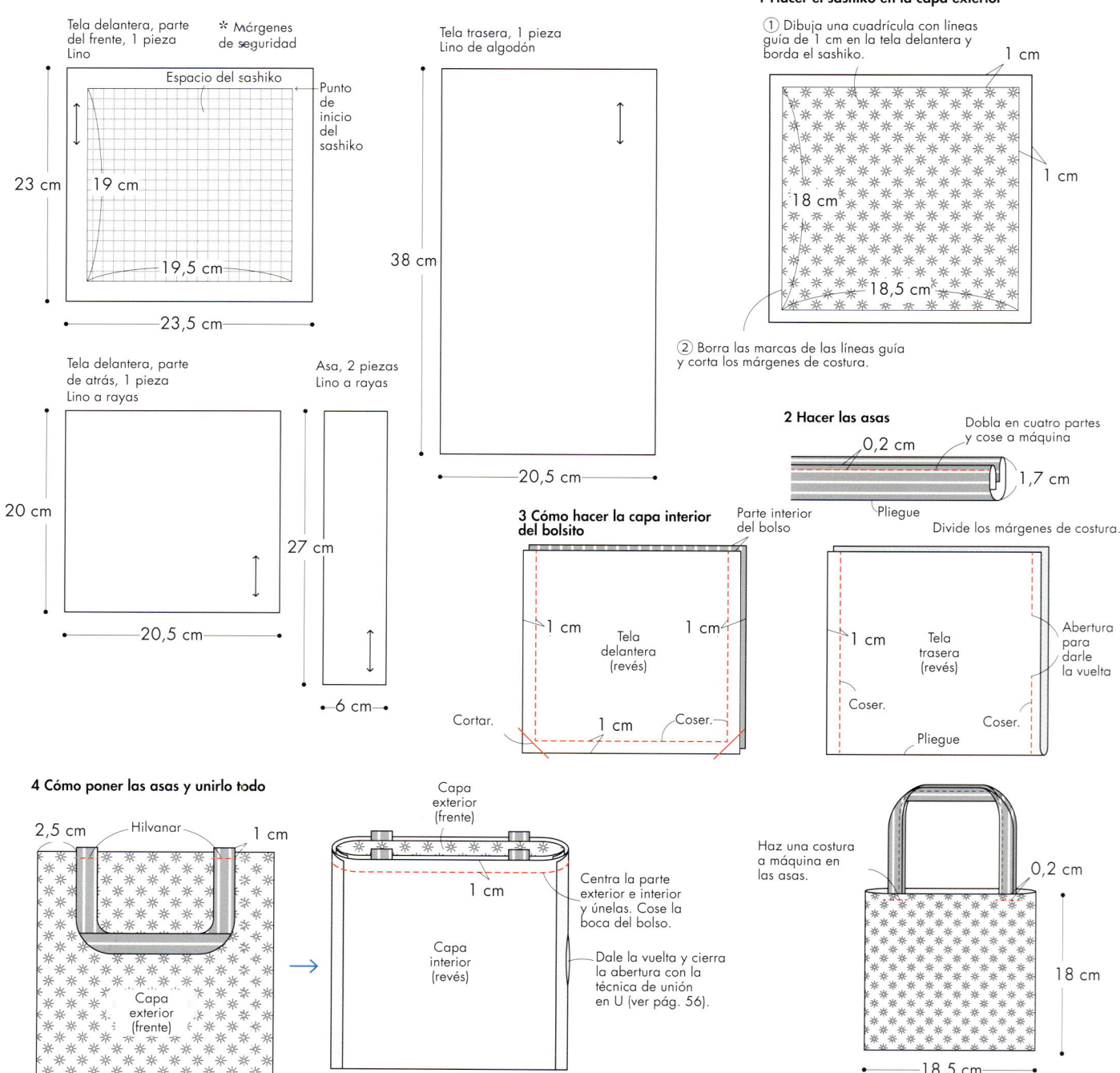

Pág. 40 47 Monedero con *kobana moyo* (patrón de pequeñas flores)

Diseño de la pág. 65

material

Tela delantera (lino en Índigo) 45 × 25 cm, tela trasera (lino de algodón Azul marino), entretela fina termoadhesiva 25 × 20 cm, (ODORIYA) hilo Sashiko fino sin blanquear Verde uguisu (15), cremallera de 14 cm y cuerda de piel de 0,4 de ancho y 13 cm de largo

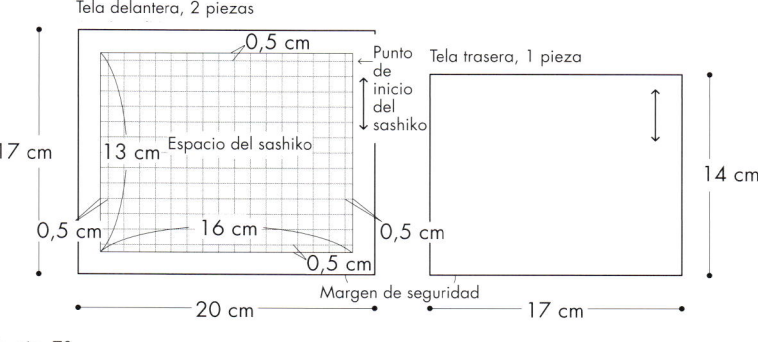

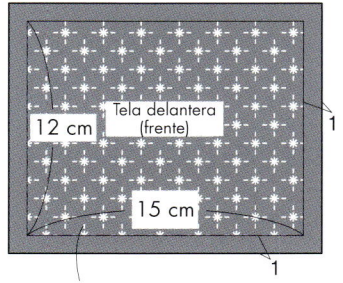

① Dibuja una cuadrícula con líneas guía de 1 cm en la tela delantera y borda el sashiko. Borra las marcas de las líneas guía, haz los márgenes de costura de 1 cm y córtalos. Pega la entretela termoadhesiva en el revés.

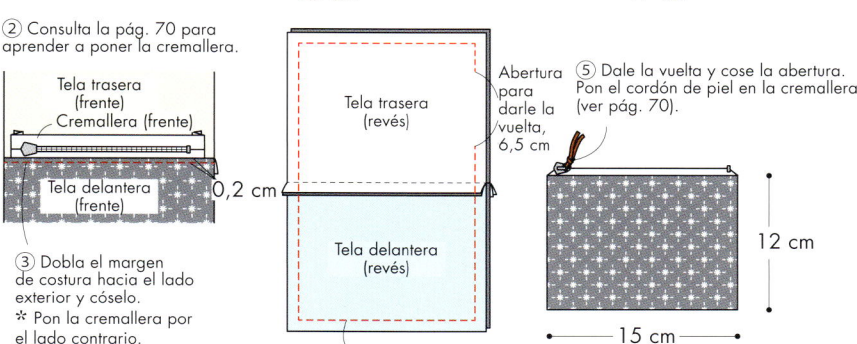

② Consulta la pág. 70 para aprender a poner la cremallera.

③ Dobla el margen de costura hacia el lado exterior y cóselo.
* Pon la cremallera por el lado contrario.

④ Alinea las telas delantera y trasera y cóselas dejando aparte la abertura para darle la vuelta.

⑤ Dale la vuelta y cose la abertura. Pon el cordón de piel en la cremallera (ver pág. 70).

Pág. 18 17 Pañuelo con *kome zashi* (bordado de arroz)

Diseño de la pág. 64

material

Tela delantera (algodón) 30 × 55 cm, tela trasera (gasa doble Roja) 30 × 30 cm, (ODORIYA) hilo Sashiko Rojo (2)

Pág. 41 48 Pañuelo con *kobana moyo* (patrón de pequeñas flores)

Diseño de la pág. 65

material

Tela delantera (tela de algodón) 30 × 55 cm, tela trasera (gasa doble rosa) 30 × 30 cm, (HOBBYRA HOBBYRE) hilo Sashiko Rosa oscuro (111) y verde (114)

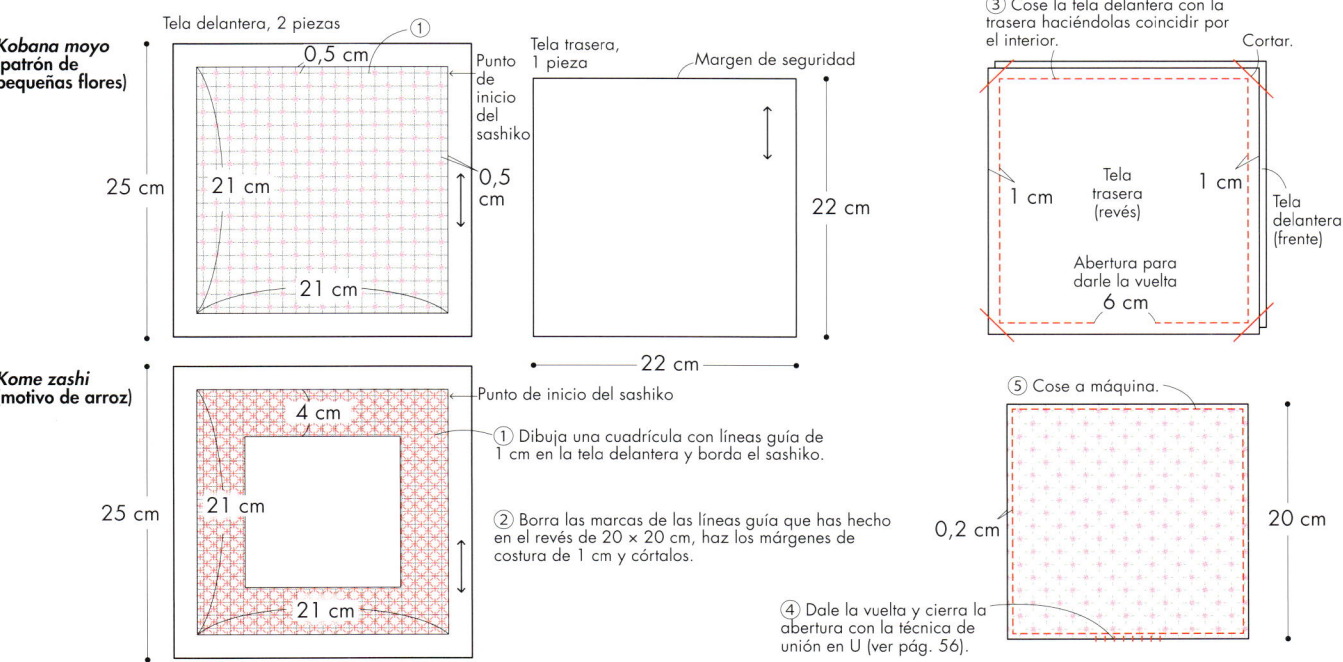

① Dibuja una cuadrícula con líneas guía de 1 cm en la tela delantera y borda el sashiko.

② Borra las marcas de las líneas guía que has hecho en el revés de 20 × 20 cm, haz los márgenes de costura de 1 cm y córtalos.

③ Cose la tela delantera con la trasera haciéndolas coincidir por el interior.

④ Dale la vuelta y cierra la abertura con la técnica de unión en U (ver pág. 56).

⑤ Cose a máquina.

Pág. 41 48 Mascarilla infantil con *kobana moyo* (patrón de pequeñas flores) Diseño de la pág. 65

material

Tela delantera (lino Blanco) 35 × 20 cm, tela trasera (algodón) 30 × 20 cm, entretela fina termoadhesiva 25 × 20 cm, (HOBBYRA HOBBYRE) hilo Sashiko fino Rosa oscuro (111) y Verde (114), y gomas para la mascarilla.

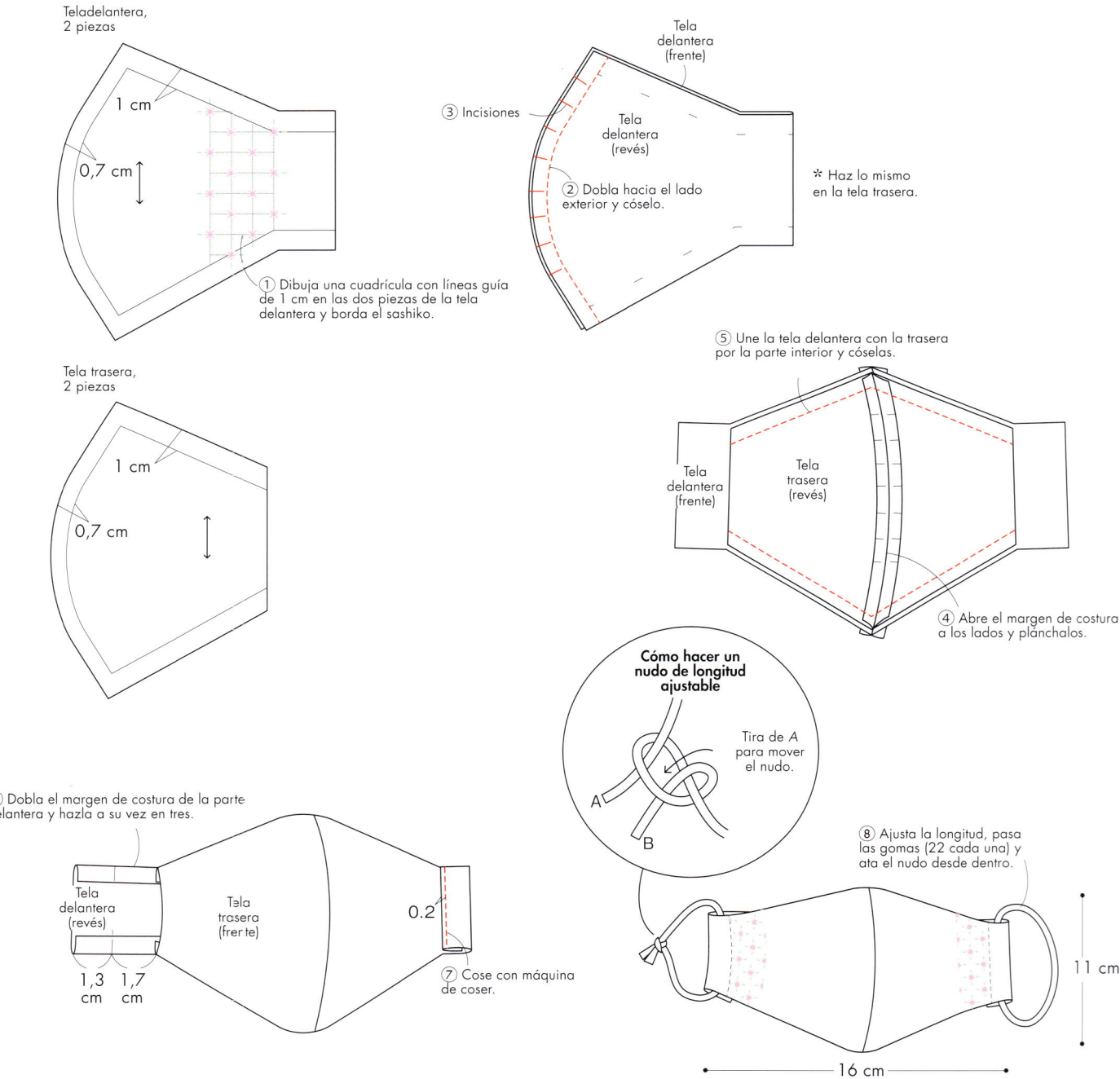